Inhaltsverzeichnis

	Einleitung	4
1	**Musik / Rhythmik in der Heilerziehungspflege und Heilpädagogik**	5
1.1	**Perspektiven heilpädagogischen Arbeitens: Musik – ein Ganzes in drei Teilen**	6
1.1.1	Ausdrucksformen des Darstellenden: Musizieren und musikbezogenes Handeln	10
1.1.2	Anpassungsversuche gegenseitiger Erwartungen bei Darsteller und Zuhörer	12
1.2	**Praktische Umsetzung**	15
1.2.1	Gebundene und improvisierte Musik	15
1.2.2	Notationsformen – Hilfsmittel musikalischer Kommunikation	17
1.2.3	Instrumente und Methoden der Präparation von Instrumenten	22
1.2.4	Menschen mit und ohne Behinderung musizieren	34
1.3	**Erfahrungen und Reflexionen**	36
1.3.1	Begründungen	36
1.3.2	Zur Vorgehensweise	37
1.3.3	Reflexionsprofile	37
2	**Der Rhythmus**	43
2.1	**Theoretische Grundannahmen**	44
2.1.1	Lebensrhythmen – musikalische Rhythmen	44
2.1.2	Rhythmen notieren	45
2.1.3	Rhythmen funktionalisieren: Beruhigung, Anregung, Ordnung	46
2.2	**Praktische Umsetzung – Übungen zur Selbsterfahrung**	46
2.2.1	Zuhören und nachspielen	47
2.2.2	Von der hörenden zur sehenden Erfassung	49
2.3	**Praktische Umsetzung – Anwendungsbeispiele**	51
2.3.1	Trommeln mit Menschen mit Behinderung	51
2.3.2	Beruhigende Rhythmen	53
2.3.3	Anregende Rhythmen – Musik und Bewegung	58
2.3.4	Ordnende Rhythmen – Rhythmus und Sprachförderung	65
2.4	**Erfahrungen und Reflexionen**	70
3	**Die Melodie**	74
3.1	**Theoretische Grundannahmen**	75
3.1.1	Orte der Begegnung mit Melodien: Musik und Sprache	75
3.1.2	Bauarten: Strukturen der Melodie	76
3.1.3	Methoden der Aneignung von Melodien	80
3.1.4	Wirkungen	84
3.2	**Praktische Umsetzung – Übungen zur Selbsterfahrung**	86
3.2.1	Intonationsübungen – Vokal und instrumental	86
3.2.2	Übungen mit festgelegten Tonhöhen: Melodische Ordnungen – von der Tonleiter zur Melodie	87
3.3	**Praktische Umsetzung – Anwendungsbeispiele**	88
3.4	**Erfahrungen und Reflexionen**	95
4	**Der Klang**	99
4.1	**Theoretische Grundannahmen**	100
4.1.1	Klang – Seine Vielfalt und die Individualität seiner Erfahrungen	100
4.1.2	Ausdrucksvielfalt der menschlichen Stimme	103
4.1.3	Zusammenklang: Resonanz, Dissonanz, Harmonie und Klangfarbe	106
4.2	**Praktische Umsetzung**	111
4.2.1	Annäherungen: Natürliche Klangräume – Klangumgebung	111
4.2.2	Einflussnahme auf Klänge und Klanggestalt	112
4.2.3	Klangfolgen	118
4.3	**Erfahrungen und Reflexionen**	124
	Literaturverzeichnis	126
	Bildquellenverzeichnis	127
	Stichwortverzeichnis	128

Einleitung

Musik hat bei Menschen mit und ohne Behinderung einen gleichermaßen hohen Stellenwert. Die Begegnungsräume mit Musik sind vielfältig. Der Zuhörer wählt sie z. B. an seiner Musikanlage oder mit einem Konzertbesuch selbst aus und hört ihr bewusst zu. In anderen Situationen, wie während des Einkaufes im Supermarkt oder als Filmmusik, rückt sie weniger in unser Bewusstsein und entfaltet mit der Erzeugung von Stimmungen ihre beeinflussende Seite. Die Musik versetzt ihre Zuhörer in vielfältige Stimmungen, sie bietet körperliche wie emotionale Anregungen, sie kann Anlass zur Identifikation sein und Rückzugsmöglichkeiten eröffnen. Sind diese Formen der Selbstverwirklichung durch Behinderung eingeschränkt, eröffnen und begleiten Heilerziehunsgpfleger und Heilpädagogen das Musikerleben.

Dort, wo uns die Musik berührt, bietet sie Anlass zur Darstellung: Ihre Anregungen können durch Bewegung, Tanz und Gestaltung produktiv umgesetzt werden. Singen und Instrumentalspiel als weitere Formen musikalischer Aktivitäten verschaffen den Spielenden Erlebnisse mit hohem emotionalen Stellenwert. Die Verknüpfung zwischen Musikerleben und rhythmisch-gestaltender Umsetzung hat eine hohe Bedeutung bei der Stützung von Lebensprozessen und der Förderung von Entwicklungen bei Menschen mit Behinderung. Heilerziehungspfleger und Heilpädagogen regen diese Prozesse an und gestalten sie mit.

Das vorliegende Buch stellt dazu zahlreiche musikalische und rhythmische Spiel- und Gestaltungsideen vor. Die Anregungen sind praxisnah und vermitteln einerseits den FachschülerInnen im Rahmen ihrer Ausbildung musikalische Grundlagen. Andererseits eröffnen sie kreative Möglichkeiten zur Abwandlung und zum Transfer der Gestaltungen hinsichtlich ihrer Umsetzung in den Einrichtungen der Behindertenhilfe. In der Dreiteiligkeit eines jeden Kapitels erläutern theoretische Grundannahmen im Vorfeld die musikbezogenen Aktivitäten. Die an die praktischen Teile anschließenden Erfahrungen und Reflexionen hinterfragen das musikalische Handeln und unterstreichen die Individualität musikalischer Erfahrungen und Entwicklungen.

Das Buch setzt unmittelbar am Gegenstand selbst, der Musik an. Die Musik wird hinsichtlich ihrer Komponenten Rhythmus, Melodie und Klang betrachtet. An ihnen orientiert sich die musikpraktische Vorgehensweise und die Erörterung musikalischer Wirkungen.

Musik ist eine Form der kommunikativen Verbindung, sie ist ein Weg, in Beziehung zum Menschen mit Behinderung zu treten. Dabei ist die Musik direkt und spontan und gemäß den Eigenschaften dieses akustischen Mediums kann man sich seiner Wirkung nicht entziehen, indem die Ohren verschlossen werden. Als ein Organ mit „Fernsinnigkeit" nimmt das Ohr auch Entwicklungen auf, die sich nicht in unmittelbarer Nähe des Standortes befinden. Oftmals kann hier schon antreibende Neugier, sei es auf ein vernommenes musikalisches Ereignis oder auf die geselligen Reaktionen, die das Ereignis hervorruft, ausgelöst werden. Es drängt einen hinzugehen, nachzuschauen und gemäß der musikalischen Impulse und Ideen des Buches mitzumachen.

Musik und Rhythmik in der Heilerziehungspflege und Heilpädagogik

◆ Durch das Singen und andere Formen des Musizierens werden Gefühle ausgedrückt. Welche emotionalen Zustände können durch Musik vermittelt werden?

◆ Was sind die positiven Auswirkungen des Musikmachens bei Menschen mit und ohne Behinderung?

◆ Welche Grundlagen benötigen Menschen, um sich musikalisch zu betätigen? Gibt es hierbei Unterschiede bei Menschen mit und ohne Behinderung?

◆ Was sollte ein Heilerziehungspfleger über Musik wissen und welche musikalischen Fähigkeiten sollte er erwerben? Stellen Sie Ihre Erwartungen an das Fach Musik / Rhythmik in der Fachschule für Heilerziehungspflege und Heilpädagogik zusammen.

1.1 Perspektiven heilpädagogischen Arbeitens: Musik – ein Ganzes in drei Teilen

Musik ist ein flüchtiges Medium. Als akustisches Phänomen betrachtet, existiert sie für den Moment, in dem sie erklingt; weiter nach reicht ihr Eindruck, den sie in uns Zuhörern hinterlässt. Auch hier ist eine gewisse Kurzlebigkeit zu bedauern: Unsere innere Betroffenheit reicht so lange, wie ein neuer musikalischer Gedanke an unser Ohr trifft oder wie wir nach dem Ausklingen einer Musik vor alltäglichen Ablenkungen bewahrt sind. Je nach dem ob wir die Musik mochten oder nicht, sieht unsere emotionale Situation aus: Sie kann reichen von einer Erleichterung über die Stille oder der Wahrnehmung einer anderen Geräuschquelle bis zum Bedauern über den Verlust eines positiv erlebten emotionalen Zustandes. Im Einzelfall leben Emotionen im Tagesverlauf durch die Erinnerung an eine bestimmte Musik wieder auf, die einem eine Zeit lang „nicht aus dem Kopf geht".

Für die Nachhaltigkeit einer Erinnerung aber auch für die Belegung von emotionalen Zuständen werden häufig Eigenschaften von Gehörtem verantwortlich gemacht: Ein Musikstück kann zum Beispiel *gut klingen*, es kann einen *anregenden Rhythmus* haben oder man kann die Melodie *gut nach singen*. Ebenso können die drei musikalischen Merkmale ins Gegenteil verkehrt sein und deswegen positiv erlebt werden. Eine Melodie kann ausgesprochen unsauber und mit unverständlichem Text gesungen sein und dennoch ankommen, wie das z. B. bei vielen Liedern von Bob Dylan zutrifft. Der Klang einer verzerrten E-Gitarre bei einer Heavy-Metal-Band soll absichtlich einen harten und aggressiven Charakter haben, der von der Fangemeinde wiederum als positiv erlebt wird. Eine weitere Rolle spielt der Ausgangszustand des Zuhörers: Das innere „Ohr" des Empfängers als Spiegel seiner emotionalen Befindlichkeit spielt eine Rolle beim Erleben von Musik. Es entscheidet, ob der emotionale Antrieb durch einen Rhythmus wahrgenommen wird, ob eine Melodie mitgesummt wird oder ob durch die Wahrnehmung eines Klanges beispielsweise Bilder assoziiert werden.

Neben den vielfältigen Möglichkeiten des subjektiven Erlebens lässt sich die Musik objektiv hinsichtlich ihrer Parameter Rhythmus, Melodie und Klang beschreiben und unterscheiden.

> Ein Rhythmus lässt sich durch die Dichte und Intensität von akustischen Impulsen darstellen, eine Melodie ist teilbar in eine Folge unterschiedlicher Tonhöhen und ein Klang kann beispielsweise einem Instrument zugeordnet werden.

Diese Dimensionen des musikalischen Wahrnehmungsprozesses ermöglichen den Vergleich von Musikstücken und den begründbaren Einsatz im heilpädagogischen Arbeitsfeld. Musikalische Aktivitäten können beschrieben werden und die an der Gestaltung beteiligten Mitspieler können sich hinsichtlich der Formen des Ausdrucks und Spieles austauschen. Die musikalische Eignung einer Musik oder ein musikalischer Ausdruck eines Menschen mit Behinderung wird anhand erfassbarer Parameter beschrieben und ist unabhängig von subjektiv empfundenen Variablen des Heilerziehungspflegers.

Aufgaben

1. Hören Sie sich Musikbeispiele an, bei denen die Parameter Rhythmus, Melodie und Klang jeweils im Vordergrund stehen. Wie werden diese Parameter musikalisch dargestellt? Hinweis: Machen Sie sich bei dieser vergleichenden Höraufgabe Notizen, um Ihre musikalischen Eindrücke festzuhalten.

2. Gemäß der Kapitelüberschrift ist ein Musikstück ein ‚Ganzes in drei Teilen'. Welche Parameter bilden den Hintergrund des jeweiligen Musikbeispieles? Durch welche Instrumente werden sie dargestellt? Vorschläge von Musikwerken zur Bearbeitung der Aufgabe:
   Johann Sebastian Bach: Orchestersuite Nr. 3, D-Dur, BWV 1068, „Gavotte"
   Ludwig van Beethoven Lied: Ich liebe dich, WoO 123
   Pink Floyd: Shine on your crazy diamonds
3. Versuchen Sie neben einer sprachlichen Beschreibung eine Zuordnung der Musikbeispiele zu den graphischen Symbolen: Welches Symbol vermag Rhythmus, Melodie und Klang darzustellen?

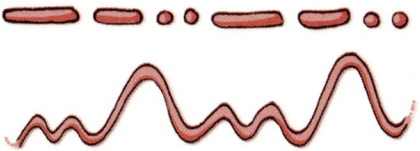 

4. Hat eines der Musikbeispiele eine körperliche Wirkung zwischen Entspannung und Anregung auf Sie ausgeübt? Beschreiben Sie Ihre Eindrücke.
5. Finden Sie weitere Musikstücke, bei denen einer der Parameter Rhythmus, Melodie oder Klang im Vordergrund steht.
6. In welchen persönlichen Situationen hören Sie diese Musikstücke? Beschreiben Sie Ihre Erfahrungen mit Musikbeispielen, bei denen verschiedene musikalische Schwerpunkte im Vordergrund stehen.

Die Wirkung, die Musik beim Hören auslöst, kann zur positiven Beeinflussung von heilpädagogischen oder therapeutischen Prozessen eingesetzt werden. Man unterscheidet hier rezeptive und produktive Ansätze. Die Rezeption (Aufnahme) von Musik vollzieht sich (zu)hörend zu einer vorgespielten Musik. Hieran kann sich ein Austausch über Bilder und Gedanken, die den Zuhörer bewegt haben, anschließen. Dieser Austausch hat durchaus schon produktive Züge. Die Produktion von Musik meint das aktive Musizieren mit der eigenen Stimme oder mit Musikinstrumenten. Dabei kann ein Musikstück z. B. durch Vor- und Nachsingen oder entsprechend der Vorlage eines Notenbeispieles musiziert werden. Wenn der Spieler ohne Vorlage gemäß seinen Fähigkeiten und individueller Verfassung ein Musikstück aus dem Stehgreif erfindet, nennt man dieses Improvisation. Jede Form des Musizierens beeinflusst die Spieler und die Zuhörer. Ein Heilerziehungspfleger kann mit einer Gruppe von Menschen mit Behinderung musikalische Aktivitäten durchführen und durch offensichtliche Begeisterung seine emotionale Teilnahme an der Runde darstellen. Er ist jedoch nicht nur Mitspieler, sondern er beobachtet und deutet das musikalische Verhalten seiner Mitspieler hinsichtlich ihrer psychischen Verfassungen.

Bei produktiven Formen des Musizierens haben die Parameter Rhythmus, Melodie und Klang ihre spezifische Aussagekraft über die Spieler, wie die drei Fallbeispiele zeigen. Auch hier steht ein Parameter nicht isoliert da, sondern die beiden weiteren musikalischen Funktionsträger sind ebenfalls vorhanden.

 Beispiel

Eine 22-jährige Patientin hält sich aufgrund ihrer Bulimie in einer psychiatrischen Klinik auf.

> *„Die Patientin wählt zielstrebig Bongos, sie steigt sofort und entschieden ein. Sie sucht offensichtlich nach einem bestimmten rhythmischen Muster und findet sehr bald eines. Dieses Muster wird die ganze Zeit über durchgehalten. Hier und da stolpert der Rhythmus, aber die Spielerin berappelt sich wieder schnell und stellt die Ordnung wieder her. Mit dieser gefundenen und beibehaltenen kleinen Ordnung scheint die Arbeit getan, es kann endlos so weitergehen, es gibt keine Anzeichen für Steigerungen oder andere musikalische Veränderungen."*
> (Grootaers, Bilder behandeln Bilder 2001, S. 122)

Aufgaben

1. Denken Sie über das musikalische Verhalten der jungen Frau nach. Welche Schlussfolgerungen lassen die Wahl des Instrumentes, die Spielweise („entschieden") und das Streben nach rhythmischer Kontinuität („beibehaltene kleine Ordnung", „keine Anzeichen für Steigerungen") zu?
2. Die beschriebe Erhaltung der rhythmischen Stabilität deutet darauf hin, dass die Spielerin innerhalb ihrer Grenzen und Fähigkeiten geblieben ist. Die Frau hat mit dem, was sie musikalisch mitbringt, ihre Ausdrucksform gefunden. Machen Sie einen Gestaltungsversuch mit Schlaginstrumenten, z. B. Bongos, bei dem Sie sich in das Verhalten der Frau versetzen und ebenfalls mit Ihren mitgebrachten Fähigkeiten musizieren.

◆ Beispiel

Das folgende Fallbeispiel beschreibt den Umgang eines Mädchens mit verschiedenen Melodieinstrumenten.

> *„Die achtjährige Linda ist vorübergehend im Heim untergebracht. (...) Sie schwankt zwischen beinahe apathischem und völlig überdrehtem Verhalten, zwischen distanzlosem Anklammern und Unansprechbarkeit hin und her. In der ersten Stunde inspiziert sie die Instrumente, macht sich das Xylophon zurecht und spielt ein bisschen darauf herum. Dann nimmt sie die C-Flöte und piept damit – zunächst unsicher. Der Therapeut antwortet ihr mit der Altflöte, spielt „beruhigende" Töne. Es entwickelt sich ein immer munterer werdender Dialog, den Linda, als er eine bestimmte Lautstärke erreicht, gackernd abbricht."*
> (Petersen, Tonarten, Spielarten, Eigenarten, 2001, S. 57 f.)

Aufgaben

1. Gestalten Sie einen musikalischen Dialog mit zwei Melodieinstrumenten Ihrer Wahl. Inwiefern passt der Begriff *Dialog*, der eigentlich ein Gespräch zwischen zwei Menschen bezeichnet, auf die beiden Spieler?
2. Was können die Gründe für Lindas Instrumentenwahl sein? Nach welchen Ausdrucksmöglichkeiten hat sie gesucht und welche Formen konnte sie umsetzen?

Beispiel

Die 12-jährige Anna, mit Down-Syndrom geboren, ist aufgrund von fehlerhaften Förderungsversuchen ein körperlich und geistig erheblich retardiertes Kind.

Dieses stellt sich vor allem durch ihren geistigen, psychischen und sprachlichen Entwicklungsrückstand dar.

„Anna umfasst mit ihrem Mund den Rand der Steel-Drum, schlägt erst mit dem Schlegelkopf, dann mit dem harten Stiel die Drum an. Sie wiederholt dies und hält ihr Ohr direkt an das Instrument. Anna lauscht. Jetzt nimmt sie kurzen Kontakt zu uns auf, gibt einen Kehllaut von sich und wendet sich dann sofort wieder dem Instrument zu, dem sie eine Reihe von Klängen entlockt. (...) Anna bricht plötzlich das Spiel ab und wendet sich der Rahmentrommel zu. Sie spuckt auf die Trommel, dann verreibt sie den Speichel mit der flachen Hand. Da die Trommel mit einem Naturfell bespannt ist, vermittelt sie einen recht deutlichen sensorischen Reiz.“

(Wörster, Klangangebote in der Frühförderung für Kinder mit komplexen Entwicklungshandicaps, 1998, S. 264)

Aufgaben

1. Stellen Sie die Methoden der Klangformung und Klangveränderungen des Fallbeispieles zusammen und führen Sie sie anschließend durch.
2. Streichen Sie Ihre Handflächen über verschiedene Trommelfelle (z. B. Bongo, Trommeln des Drum-Sets, Handtrommeln) und beschreiben Sie die sensorischen Reize. Informieren Sie sich über die Herkunft der Felle.
3. Geben Sie den Verlauf der Szene mit eigenen Worten wieder, indem Sie die kreativen Fähigkeiten des Mädchens positiv hervorheben und defizitäre Sichtweisen auf das Verhalten vermeiden.

Die drei Situationen zeigen Menschen mit Behinderung, die sich der Ausdrucksmöglichkeiten von Rhythmus, Melodie und Klang bedienen. Alle Spieler gestalten spontan und voraussetzungsfrei, d. h. sie musizieren mit ihren individuellen Möglichkeiten ohne eine vorausgegangene Anleitung wie im Instrumentalunterricht. Daraus lassen sich musikalische Kompetenzen des Heilerziehungspflegers ableiten: Neben grundlegenden musikalischen Fähigkeiten kann er durch seine erworbene Auffassungsgabe das musikalische Handeln des Menschen mit Behinderung als nichtsprachliche Ausdrucksmöglichkeit verstehen. Gleiches gilt für psychisch erkrankte Menschen, die sich musikalisch artikulieren.

Die musikalischen Aktivitäten des Faches Musik und Rhythmik in der Heilpädagogik und Heilerziehungspflege beziehen sich auf vier Bereiche:

◆ Die musikalischen Fähigkeiten des Menschen mit Behinderung werden durch den Heilerziehungspfleger begleitet und gefördert.

◆ Heilerziehungspfleger ermöglichen musikalische Erlebnisse. Dort, wo die Behinderung die Selbstbestimmung beeinträchtigt, setzen Heilerziehungspfleger Bedürfnisse durch Tonträger oder Instrumentalspiel um.

◆ Musikalisches Gestalten in Gruppen oder vor einer Gruppe bzw. einem Mitbewohner hat Einfluss auf die Entwicklung von Gruppenprozessen und die soziale Stellung einzelner Menschen mit Behinderung zur Gruppe. Heilerziehungspfleger initiieren, begleiten und werten derartige Prozesse aus.

◆ Musik / Rhythmik wird als Medium zum Beziehungsaufbau zwischen dem Menschen mit Behinderung und dem Heilerziehungspfleger verstanden. Die Mitteilungsebene musikalischen Handelns wird zur Arbeitsgrundlage für den Heilerziehungspfleger.

Aufgabe

Finden Sie Fallbeispiele aus der Erfahrung zurückliegender Praktika, bei denen Menschen mit Behinderung musikalisch tätig waren. Ordnen Sie diese Beispiele den oben genannten Kategorien zu und begründen Sie Ihre Überlegung.

Die Betrachtung der Musik als ein Ganzes in drei Teilen hat neben den oben angeführten, auf konkrete Situationen bezogene Sichtweisen auch Hintergründe, die im Verstehen der Musik angelegt sind. Das Verständnis von Musik ist als ein Weg beschreibbar, der sich über äußere, die Musik antreibende Eigenschaften (Rhythmus), über Charakter bildende Merkmale (Melodie), hin zu inneren Wertigkeiten (Klang) nachvollziehen lässt. Die drei Begriffe werden zunehmend weniger „griffig" im Sinne von beschreibbar. Die symbolische (Be)-deutung der Musik wird vieldeutiger aber auch abstrakter zur dritten Eigenschaft, zum „Klang" hin: Hier ist das Spektrum der mit schwingenden Erfahrungen und Assoziationen zum Klangerlebnis am größten. Dem gegenüber steht der Rhythmus, der uns konkret über körpereigene Rhythmen am nächsten liegt und den wir täglich in seiner Unmittelbarkeit erfahren.

1.1.1   Ausdrucksformen des Darstellenden: Musizieren und musikbezogenes Handeln

Die Überschrift des Kapitels weist auf eine Erweiterung des Begriffes ‚musizieren' hin. Im verbreiteten Verständnis handelt es sich beim Musizieren um das Spiel auf einem Musikinstrument oder die Nutzung der Singstimme auf Grundlage von erworbenen Spieltechniken. Der Musizierende benutzt zwei Dinge zur Ingangsetzung eines Kommunikationsprozesses mit seiner Umgebung: Eine mehr oder minder fortgeschrittene Spiel- oder Gesangstechnik sowie die Auswahl eines bestimmten Musikstückes bzw. einer improvisierten Musik, die aus dem Stehgreif erfunden wird. Dieser Kommunikationsprozess ist während der Spieldauer auf die Zuhörer gerichtet (sofern keine Störungen auftreten) und für einige Zeit steht der Spielende im Mittelpunkt des Interesses – eine Tatsache, die nicht jedem behagt.

Es scheint sich hierbei um eine gesellschaftliche Erscheinung zu handeln: Sobald jemand derartige Fähigkeiten erwirbt, wird über ihn gesagt, er *spiele ein Instrument.* In der geringeren Anzahl von Fällen sagt der oder diejenige das auch über sich selbst. Ab dann ist er oder sie einer imaginären Schicht zugehörig – ob das gewünscht wird oder ob nicht. Die Ehrfurcht vor spielerischen Fähigkeiten auf einem Instrument ist umfassend und sie beinhaltet auch bei manchen das unterschwellige Bedauern einer verpassten Chance in zurückliegenden Zeiten.

Es gibt Momente, in denen Menschen ohne instrumentale Kenntnisse zum Musikinstrument greifen, wie die folgende Auswahl von fiktiven Situationen zeigt. Sie haben einen hohen Wiedererkennungswert, viele haben derartiges schon beobachtet oder so ähnlich gehandelt.

◆ Am Xylophon in der Wohngruppe I hat nach der Musizierrunde der Anleiter die Schlegel stecken lassen. Karl greift zu und probiert vorsichtig ein paar Tonfolgen.

◆ Ein herumstehendes Keyboard wird von der Jugendgruppe ‚getestet'. Der Schalter, der den eingebauten Drum-Computer aktiviert, ist schnell gefunden. Laute Schlagzeug-Grooves erfüllen den Raum. Die Jugendlichen tauschen anerkennende Blicke.

◆ Beim Betreten des Musikraumes sieht Peter die offen stehende Klavier-Tastatur und drückt im Vorbeigehen mit beiden Händen viele Tasten gleichzeitig herunter.

◆ Gabi, Frau mit geistiger Behinderung, hat seit einem halben Jahr Flötenunterricht. Sie freut sich auf das erste Vorspiel der integrativen Musikschule e. V. in der kommenden Woche.

◆ Kim hat von ihrer Schwester den Flohwalzer gezeigt bekommen – gefragt und ungefragt spielt sie das Stück bei jeder Gelegenheit, die sich ihr bietet.

Aufgaben

1. Kennen Sie weitere vergleichbare Situationen? Tauschen Sie Ihre Beobachtungen aus. Vielleicht ist in Ihrem Musikunterricht Vergleichbares passiert?
2. Beschreiben Sie die Anziehungskraft und Faszination, die die Musikinstrumente auf ihre Spieler ausüben.
3. Wie sieht die emotionale Situation der Spielenden aus? Diskutieren Sie, inwiefern sich die Menschen mit und ohne Behinderung in den beschriebenen Situationen musikalisch darstellen.
4. „Ich bin unmusikalisch, weil ich keine Noten lesen kann!" Was drückt diese verbreitete Aussage aus? Können Sie diese Ansicht teilen?

Die negative Aussage zur eigenen musikalischen Begabung ist gesellschaftlich anerkannt und führt zu keinem abwertenden Urteil. Die Begründung, „ich kann keine Noten lesen", erfasst allerdings nur einen kleinen Teil von Begabung, die noch nicht einmal einen wesentlichen musikalischen Bezug hat. Gleichzeitig ist sie Schutz vor unbequemen Aufforderungen, eine musikalische Darbietungen zu geben.

Die oben genannten Fallbeispiele stellen den Wunsch von Menschen mit und ohne Behinderung dar, ein Musikinstrument zu erproben. In einigen Situationen suchen sie dabei den Schutz der fehlenden Aufmerksamkeit der Zuhörer oder sie sehen in dem kurzen Moment die besondere Gelegenheit, die sie ergreifen.

Die Lust der Darstellung der Spieler ist nicht an eine instrumentale Vorbildung gebunden, denn alle Spieler erleben eine besondere emotionale Situation. Dieser Zustand des emotionalen Erlebens weist deutliche musikalische Elemente auf. Die Fähigkeit zum Erleben und Darstellen des musikalischen Ausdrucks entwickelt sich dabei nicht nur über instrumentale Ausbildung. Sie kann durch außermusikalische Bezüge gefördert werden, z. B. durch das Vorleben von Bildern und Vorstellungen durch den Heilerziehungspfleger. Er nutzt dabei neben verbalen Ausdrucksmitteln auch die Gestik und Mimik.

Der Antrieb zur musikalischen Darstellung bei den Fallbeispielen kam ohne zusätzliche Aufforderungen zustande. Aus der Sicht eines Menschen mit Behinderung bietet der Moment die Chance, in eine Rolle zu schlüpfen und den Klang des Instrumentes für sich *sprechen zu lassen*. Hier bezieht sich diese bekannte Redewendung auf die Behinderungen, die Einschränkungen des verbalen Ausdrucks mit sich ziehen. Es werden bei Zuhörern und Spielern gleichermaßen Emotionen geweckt, deren Einverständnis als Solidarität zwischen musikalischem Sender und dem Empfänger für die weitere Beziehung verstanden werden kann.

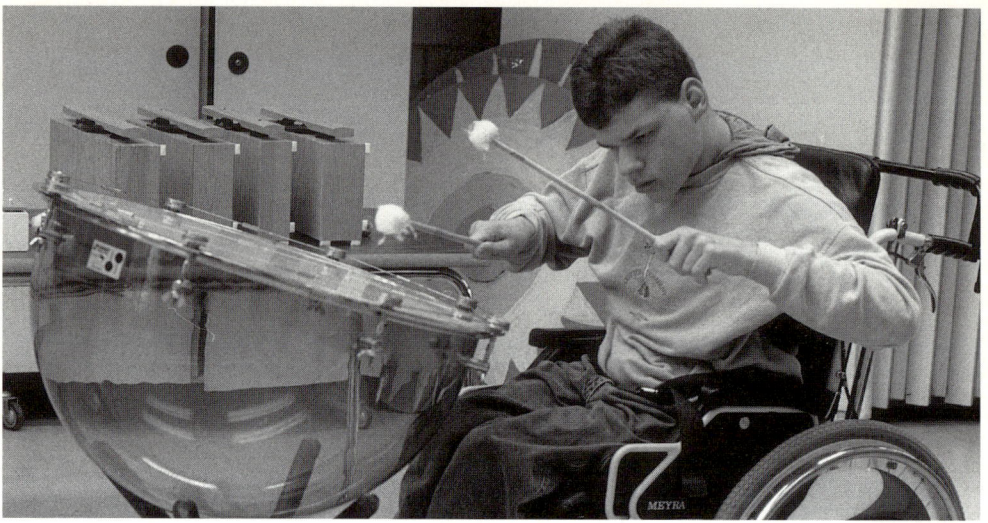

Musikbezogenes Handeln erweitert die Vorstellung von herkömmlichen Darstellungen am Instrument oder mit der Stimme. Der Begriff erfasst Tätigkeiten, die durch instrumentale, körperliche oder visuelle Gestaltungen zu einem künstlerischen Ausdruck kommen. Allen Handlungen gemeinsam ist, dass sie innere Gemütszustände ausdrücken und einem Gegenüber mitteilen wollen. Die Grundlage ist die Einbettung in einen pädagogischen und situativen Zusammenhang, den der Heilpädagoge plant, initiiert und begleitet.

1.1.2   Anpassungsversuche gegenseitiger Erwartungen bei Darsteller und Zuhörer

Die Erwartung an ein Hörerlebnis beim Zuhörer ist bestimmt durch die zu sehenden Instrumente (Welcher Zusammenklang wird gleich ertönen?), durch das Verhältnis zum Instrument (Wie gefällt mir der Klang und das Aussehen des Instrumentes?) und an anderer Stelle gemachte Hörerfahrung einer vergleichbaren Besetzung (Das wird so klingen, wie es ein bestimmtes Ensemble gespielt hat.) Diese Erwartungshaltung tragen wir mehr oder weniger bewusst (aber eben auch unbewusst) den Musikern an, bevor sie ihr Spiel beginnen.

 Fallbeispiel

> Der Heilerziehungspfleger trifft sich mit drei Bewohnern einer Einrichtung der Behindertenhilfe zu einer musikalischen Aktivität an verschiedenen Schlaginstrumenten und Stabspielen. Er erlebt für einige Minuten drei gelöste Menschen, wenngleich sich einem außenstehenden Laien diese Darbietung wohl eher als „Krach-Machen" deuten würde. Der Heilerziehungspfleger ist hingegen in der Lage, diese Leistung der Bewohner Wert zu schätzen.

Aufgaben

1. Versetzen Sie sich in die Lage der musikalischen Darsteller und eines eintretenden Zuhörers. Was denkt die eine Partei über die andere?

2. Überlegen Sie, welche positiven Leistungen die drei Bewohner sowie der Heilerziehungspfleger erbracht haben.

Im beschriebenen Fallbeispiel findet die musikalische Botschaft beim Sender ihren Ausdruck in Form einer „inneren Lösung", doch wie kann der Empfänger sie verstehen? Die Tatsache, dass er ein musikalisches Chaos zu hören glaubt, heißt nicht, dass die Musik chaotisch ist! Möglicherweise entziehen sich Formen des Zusammenspieles noch der Wahrnehmung des ungeübten Zuhörers. Die Entwicklungsfähigkeit des Spieles ist beim Spieler und Zuhörer durch gegenseitige Achtung und Wertschätzung geleitet. Diesen Schutzraum stellen Heilerziehungspfleger in der Arbeit mit Menschen mit Behinderung her, er ist aber auch im schulischen Erfahrungsfeld Grundlage jeder musikalischen Aktivität.

> *„Erwartung und Anspruch sind Feinde des Geschehenlassens. Je mehr ein Spieler von einem „ich sollte",„ ich muss" besetzt ist, desto weniger entsteht ein direktes „ich will",„ ich tue". Druck von außen ist eine hemmende Energie für den Weg musikalischer Mitteilungen von Innen nach Außen. Der Unterschied zwischen eigenem und fremden Anspruch, zwischen Herausforderung und Überforderung wird unter Druck oft verwischt. Der Wunsch, in angemessenen Schritten zu wachsen, hört sich innerlich etwa so an:„So bin ich – das kann ich – das will ich." Der fremde Anspruch führt gewöhnlich zu Überforderung und Zerstörung des Wachsens. Er klingt etwa so:„So will ich sein – das kann ich nicht – ich muss wollen.""*
> *(Hegi, Improvisation und Musiktherapie, 1993, S. 41)*

Aufgaben

1. Beziehen Sie das Zitat auf einen Zuhörer des oben beschriebenen Fallbeispieles. Welche Verhaltensweisen kann er oder sie darstellen, so dass eine freie musikalische Entfaltung der Spieler möglich wird?
2. Fordern Sie einen Mitschüler auf, eine beliebige Tonfolge auf einem Stabspiel oder einen Rhythmus auf einer Trommel vorzutragen. Wie sprechen Sie den Mitschüler an?
3. Welche Erwartungen und Ansprüche legen Sie an sich an, wenn Sie aufgefordert werden, auf einem Instrument etwas zu spielen?

Entwicklungsfähige Ebenen beim Spieler und beim Zuhörer, die Musik zunehmend als spannendes Ereignis erkennen lassen, können sich beispielsweise wie folgt darstellen:

Musikalische Ebene

■ Im Beobachten und im Hören von Interaktionen, wie z.B. in der Frage, ob und wie der musikalische Partner auf einen musikalischen Impuls reagiert.

■ Ein Missklang kann einen Spannungsaufbau bezwecken, deren Auflösung der noch laienhafte Zuhörer nicht bemerkt, deren Auswirkung aber auch der Spieler erst erkennt.

Instrumentale Ebene

■ Die Handhabung des Instrumentes verbessert sich.

■ Der Klang eines Instrumentes kann bereits einen ästhetischen Reiz vermitteln, der zunehmend mehr entdeckt wird.

Menschliche Ebene

■ Der Zuhörer kann die Beobachtung eines positiven Musikerlebnisses beim Spieler vor die eigenen Bedürfnisse stellen.

■ Lernerfolge bei der Strukturierung des musikalischen Chaos werden als Erfolg gewertet.

Die beschriebene Gruppe und der Heilerziehungspfleger verfügen bei ihrer Darbietung über eine Reihe positiver Ausgangsleistungen (Was kann ich bereits? Wie ist meine Einstellung? Was muss bereits gewährleistet sein, um das Instrument zu bedienen?), die ein daran anknüpfendes musikalische „Wachsen" (Was sind die positiven Folgen des Musizierens?) ermöglicht.

Aufgabe

Die folgenden Buttons beinhalten Aussagen eines Spielers über dessen musikalische Einstellungen. Die Einzelaussagen stehen nicht isoliert dar, sondern sie lassen sich auch als Entwicklungsprozess betrachten. Eine Aussage der linken Spalte kann dabei als Bedingung für einen Inhalt der rechten Spalte gelten und diesen Inhalt zur Folge haben. Erläutern Sie den Prozess des „musikalischen Geschehenlassens" (vgl. Zitat S. 13), indem Sie den Äußerungen der linken Spalte eine sich daraus entwickelnde Konsequenz der rechten Spalte zuordnen. Versuchen Sie dabei die einzelnen Aussagen mit fiktiven Beispielen so konkret wie möglich zu belegen.

Bedingungen und Folgen des „musikalisch Geschehenlassens"

Beispiele

- Die *Akzeptanz* der Mitspieler der in der Wohngruppe vorhandenen Instrumente ist eine Bedingung für die Initiierung *musikalischer Kommunikationsprozesse*.
- Mit der Unterstützung eines Tastenstempels (vgl. Instrumentbeschreibung Klavier in Kapitel 1.2.3) erfährt der körperbehinderte Thomas eine *Zufriedenheit seiner Spielmöglichkeiten* am Klavier. Dadurch kann er seine musikalischen Vorstellungen in die Gruppe bringen, die anhand neuer Impulse ihre musikalische *Toleranz erweitert*.

Das Gruppenerlebnis ist übertragbar auf die musikalische Situation Ihrer Lerngruppe. Sie werden sich zu zahlreichen Anlässen zusammenfinden, um unter den von Ihrer Klasse vorgegebenen musikalischen Voraussetzungen in Gruppen oder solistisch zu musizieren. Dabei sollen Erwartungen, die der Einzelne an sich stellt und die Gruppe an den Einzelnen richtet, an den individuellen Fähigkeiten orientiert sein. Überzogene Erwartungen wirken hemmend auf den Entwicklungsprozess. Diese Form der Akzeptanz gilt als Grundlage gemeinsamer musikalischer Weiterentwicklung.

1.2   Praktische Umsetzung

1.2.1   Gebundene und improvisierte Musik

Es werden zwei Formen des musikalischen Gestaltens unterschieden: Das Musizieren improvisierter und gebundener Musik. *Bindung von Musik* meint den Grad der vorher getroffenen Vereinbarungen hinsichtlich der musikalischen Merkmale und Spielweisen.

Gebundene Musik

Die Musiker nehmen sich ein bestimmtes Musikstück vor, das durch eine bestimmte Form der schriftlichen Fixierung (Notenschrift o. Ä.) bestimmt ist. Das kann ein Lied mit einer bestimmten Begleitung sein, es kann sich aber auch um Instrumentalmusik handeln, bei der Tonfolgen, Lautstärken, Wiederholungen usw. festgelegt sind. Voraussetzung für die Musiker ist es, die musikalischen Anforderungen zu erbringen. Dazu müssen sie über bestimmte instrumentale oder stimmliche Voraussetzungen verfügen.

Improvisierte Musik

Der Grad der musikbezogenen Absprachen ist hier sehr viel geringer. Das musikalische Material ist durch Instrumentenwahl der Teilnehmer sowie durch ihre musikalischen Fähigkeiten festgelegt. Bestimmte Melodien, rhythmische Elemente, Wiederholungen und Klänge entstehen aus dem spontanen Einfall eines Musikers heraus. Man nennt diese Form des Musizierens Improvisation. Beim Improvisieren spielt der Musiker mit den Fähigkeiten, über die er verfügt. Es gibt keine Anforderungen eines Komponisten, die in Notenform vorher festgelegt wurden. Ein improvisiertes Musikstück ist bestimmt durch die Kommunikation zwischen den Teilnehmern, die die Lust am Weiterspiel und an der Art und Weise dieser Fortsetzung vermittelt.

Bei vielen Musikrichtungen und Spielweisen musiziert man mit Zwischenformen, bei denen einige musikalische Elemente festgelegt sind. Bezogen auf die musikalischen Parameter kann beispielsweise der Rhythmus eines Stückes festgelegt sein und die Melodie wird improvisiert. Bei vielen populären Musikrichtungen, z. B. dem Jazz, wird so verfahren.

Aufgabe

> Bestimmen Sie die Teile eines Hörbeispieles Ihrer Wahl, die festgelegt sind und diejenigen, die improvisiert werden. Welche musikalischen Eindrücke vermitteln beide Teile?

Bei den nachfolgenden Gestaltungsformen soll innerhalb Ihrer Lerngruppe musiziert werden.

Gestaltungsvorschläge mit gebundenen und improvisierten musikalischen Elementen

◆ Die Klasse singt ein Lied zu einer Begleitung durch eine Gitarre oder einem anderen Instrument.

◆ Ein Mitschüler trägt ein erlerntes Instrumentalstück vor.

◆ Zwei Schüler spielen an zwei Xylophonen: Auf einem Instrument werden die Töne g, h, d regelmäßig und langsam zusammen angeschlagen, auf dem zweiten Instrument wird eine dazu passende Tonfolge gesucht. Wenn sie gefunden ist, wird sie mehrfach wiederholt.

◆ Sie sitzen mit Ihrer Gruppe im Kreis. Jeder Schüler hat eine Trommel vor sich. Ein Teilnehmer beginnt eine Folge von Schlägen zu trommeln, nach einer Weile spielt der Sitznachbar dazu. Sobald ein dritter Nachbar mitspielt, hört der erste Spieler auf, so dass fortwährend zwei oder drei trommelnde Spieler durch den Kreis zu hören sind.

Aufgaben

1. Führen Sie die musikalischen Gestaltungen aus. Welche Formen waren musikalisch gebunden, welche waren frei?
2. Beschreiben Sie die musikalischen Eigenschaften gebundener und improvisierter Spielweisen.
3. Gemeinsam zu musizieren bedeutet auch, dass Menschen mit unterschiedlichen Fähigkeiten an einem Ergebnis gestalten. Inwieweit wird der individuelle musikalische Beitrag der Gruppenmitglieder zu einem Gesamteindruck?

Die Gestaltung improvisierter Musikformen hat für die Arbeit mit Menschen mit Behinderung zweierlei Bedeutungen: Sie verschafft einerseits dem Spieler Freiheit in der Darstellungsweise. Damit ist der Ausdruck einer individuellen Bedürfnislage gewährleistet. Wenn der Spieler laut sein will, muss er sich nicht dem künstlerischen Ausdruck eines Komponisten unterwerfen, der z. B. ein leises Spiel verlangt. Andererseits ermöglicht die Gestaltung improvisierter Musikformen das Einbringen verschiedenster Spielweisen entsprechend der individuellen Fähigkeiten der Mitspieler. Menschen mit unterschiedlichen Behinderungsformen können gemeinsam improvisieren. Der Heilerziehungspfleger kennt diese Voraussetzungen und führt verschiedenartige Spielweisen zu einer Gruppenleistung, bei der Behinderungen eine Gestaltung nicht einschränken. Die improvisierte musikalische Gestaltung ist somit auch zweckorientiert. Besteht hingegen der Wunsch von Spielern, musikalische Vorlagen nachzuspielen, etwa durch das Mit oder Nachspielen bekannter Songs, werden einige Methoden zur Präparierung von Instrumenten und zum Lesen von Noten erarbeitet.

Zur Vertiefung

Spiel mit gebundenem musikalischen Material und eine Improvisationsübung

Gebundene Musik

Sie treffen Verabredungen: Sie nutzen Stabspiele mit den Tönen e, g, a, die in einer einheitlichen Lautstärke angeschlagen werden. Der gemeinsame Rhythmus, in dem gespielt wird, besteht aus einer halben Note und zwei folgenden Viertelnoten. Ein freies musikalisches Element bleibt erhalten: Sie bestimmen spontan die Kombination der Tonhöhen. Teilen Sie dazu die Klasse in zwei Gruppen: Eine Gruppe mit Glockenspielen spielt im Wechsel mit einer Xylophon Gruppe.

Improvisierte Musik

Die einzige Verabredung gilt der Nutzung des Instrumentariums: Erklingen sollen Körperinstrumente (Bodypercussion) und Gegenstände, die Sie an sich tragen (Schmuck ist z. B. nicht nur schön, sondern häufig ein Metallklinger). Die Art und Weise, wie die Teilnehmer sie zum Klingen bringen, bleibt ihnen überlassen. Sie sitzen in einem Kreis, bei dem drei nebeneinander sitzende Schüler immer gemeinsam improvisieren. Sobald ein vierter Nachbar hinzu kommt, hört an der anderen Seite ein Spieler auf.

Aufgaben zur Auswertung

1. Wie stellen sich die Spieler bei ihrer Improvisation aufeinander ein?
2. Wo gab es Überraschungsmomente?
3. Welche musikalischen Kommunikationsprozesse brachten die unterschiedlich geformten Verabredungen mit sich?

1.2.2 Notationsformen – Hilfsmittel musikalischer Kommunikation

Die vorgestellten und ausprobierten Möglichkeiten des Musizierens lassen sich auf verschiedene Formen der Absprache über das gemeinsame Tun zurückführen.

Notenschrift

Sie ist eine verbreitete Form, um Musik aufzuschreiben. Bei Menschen, die diese Schrift kennen gelernt haben und bei denen, die sie nicht lesen oder schreiben können, ist sie gleichermaßen bekannt. Die Nutzung der Notenschrift bedarf einiger Übung, die häufig an den Erwerb von Grundkenntnissen zum Spiel eines Instrumentes gebunden ist. Die Notenschrift fixiert musikalische Ereignisse mit der höchst möglichen Genauigkeit. In zahlreichen musikbezogenen Veröffentlichungen ist ihre Lesart erläutert, der Exkurs in Kapitel 2.1.2 zur Tonlängen- und 3.1.3 zur Tonhöhenunterscheidung hinterfragt daher zunächst, in welchen berufsbezogenen Zusammenhängen der Arbeit in der Behindertenhilfe Notenkenntnisse benötigt werden. Anschließend werden hier *Strategien* der Umsetzung von traditioneller Notenschrift auf die Singstimme oder auf ein Instrument vorgestellt.

Grafische Notation

Ein Musikstück mit Hilfe einer grafischen Notation aufzuschreiben bietet die Möglichkeit, Absprachen hinsichtlich der Gestaltung festzuhalten, ohne dass alle Mitspieler die traditionelle Notenschrift beherrschen müssen. Die Spieler arbeiten mit einem Vorrat an Zeichen und Symbolen, die den Ablauf eines Stückes wiedergeben können. Darstellbar sind z. B. die Eigenschaften der Musik, wie ihre Lautstärke, die Abstände von Tonhöhen oder die Tondauern, die die Instrumente spielen. Der Einsatz unterschiedlicher Instrumente kann durch ausgewählte Symbole gekennzeichnet werden. Für die Festlegung der Zeichen gibt es keine verbindlichen Regeln, sondern sie können in gemeinsamer Absprache der Spieler entwickelt werden.

Darstellung von Instrumenteneinsätzen

Aufgaben

1. Welche Instrumente sind durch die Zeichnung dargestellt?
2. Setzen Sie die Abfolge der Zeichen in Instrumentenklänge um.
3. Entwickeln Sie eine Zeichenfolge für weitere ausgewählte Instrumente.

Darstellung unterschiedlicher Lautstärken

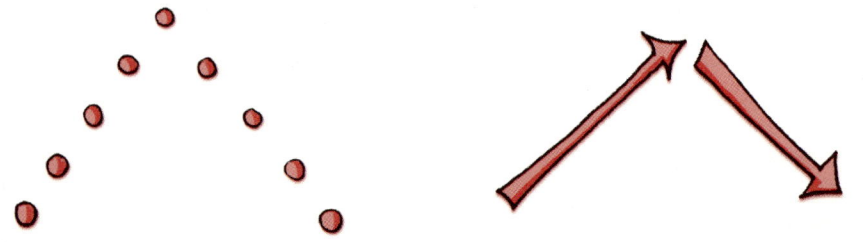

Trommelschläge, die lauter werden:

Trommelrhythmus:

Trommelwirbel in unterschiedlichen Lautstärken:

Aufgabe

Stellen Sie die musikalischen Ereignisse auf einer Trommel dar und entwickeln Sie weitere Stücke mit wechselnden Lautstärken.

Darstellung unterschiedlicher Tonhöhen

Auf- und absteigende Tonfolgen:

Aufgaben

1. Spielen Sie auf einem Stabspiel gemäß der grafischen Vorlage.
2. Wie unterscheiden sich die beiden Varianten der auf- und absteigenden Tonfolgen?

Darstellung unterschiedlicher Tondauern in Verbindung mit verschiedenen Tonhöhen

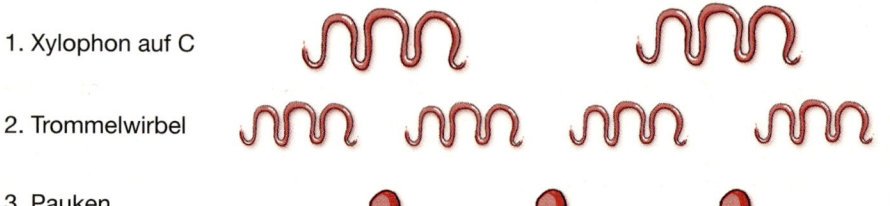

1. Xylophon auf C

2. Trommelwirbel

3. Pauken

Aufgabe

Spielen Sie nach der grafischen Vorlage und berücksichtigen Sie die unterschiedliche Länge der Zeichen. Welche Informationen vermitteln die Abstände der Balken untereinander?

Die Entwicklung von musikalischen Stücken mit Hilfe der grafischen Notation kann z. B. gemeinsam für alle sichtbar auf der Rückseite einer Tapete erfolgen. Dabei können die individuellen Spiel- und Ausdrucksfähigkeiten der Mitspieler berücksichtigt werden. Beim Probieren des Stückes können sich die Spieler auf konkrete Stellen im Stück beziehen und z. B. schwierige Passagen mehrfach probieren. Dabei können auch Spielweisen abgebildet werden, die die traditionelle Notation nicht darzustellen vermag.

Aufgaben

1. Probieren Sie weitere Spieltechniken auf den Anschlagsflächen verschiedener Instrumente wie das Wirbeln, Wischen oder Reiben mit unterschiedlichen Schlägeln. Welche klanglichen Unterschiede entstehen? Finden Sie geeignete visuelle Darstellungsformen zur Abbildung Ihrer Klangexperimente.
2. Nutzen Sie die erläuterten und ausprobierten grafischen Darstellungsformen um eine Komposition eines gemeinsamen Musikstückes anzufertigen. Fertigen Sie nach einer Übephase eine Aufnahme an und vergleichen Sie Ihr Ergebnis mit der grafischen Darstellung.
3. Gehen Sie abschließend der Frage nach, wie genau die Informationen sind, die die grafische Notation hinsichtlich der Einsätze und Tonhöhen der Instrumente sind. Vergleichen Sie diese Notation auch mit der Genauigkeit der traditionellen Notation.

Körpersignale: Handzeichen, Augenkontakt, Ganzkörpergesten, Atmung
Stellvertretend für schriftsprachliche Aufzeichnungen sind musikbezogene Signale durch einen für alle Mitspieler sichtbaren *Dirigenten*. Hier ist nicht das Abbild eines Mannes mit Frack und Taktstock gemeint, sondern ein Mitspieler, der in der Rolle des Vordenkers musikalisches Handeln koordiniert und Ausdrucksformen anregt. Aber auch bei den grafischen Notationsformen ist es zweckmäßig, dass ein „Dirigent" auf eine gemeinsam sichtbare Tapete weist, um die verabredete zeitliche Abstimmung musikalischer Aktionen wiederholbar zu machen.

Aufgabe

Die Gruppe stellt einen unterschiedlich starken niederprasselnden Regenschauer auf Trommeln dar. Spielen Sie mit den Fingerkuppen. Ein Dirigent koordiniert das Spiel in wechselnden Lautstärken mit den benannten Körpersignalen. Vergleichen Sie die unterschiedlichen Ausdrucksmöglichkeiten.

Hörende Teilnahme

Vieles erklärt sich beim Musizieren aus der Sache, der Musik, selbst heraus. Die musikalischen Hinweise, dass ein Musikstück nach einem bestimmten Zeitabschnitt leiser oder langsamer wird, sind Hinweise auf sein nahendes Ende. Höhepunkte in einem Stück erkennen Zuhörer an gesteigerter Lautstärke, rhythmischer Abwandlung oder spielerischer Intensität. Der Mitspieler, den diese Signale erreichen, wird sein Spiel darauf einstellen.

Aufgabe

Begleiten Sie die Gavotte der Orchestersuite Nr. 3, D-Dur, BWV 1068, von Bach mit Trommeln, ohne einen Rhythmus zu vereinbaren. Wie verhalten sich die Mitspieler? Welche Informationen über die Lautstärke und den Rhythmus vermittelt das Stück?

Hinweise durch einen Text

Geschichten oder Liedtexte, die durch eine musikalische Gestaltung ergänzt werden, begleiten und fördern instrumentale Einsätze und den spielerischen Ausdruck. Manchmal hat die Bildkraft der Sprache einen offensichtlicheren emotionalen Anteil, der direkt in Musik umgesetzt wird. Die Spielanweisung, „wie das leichte Rauschen eines Waldes", an eine Gruppe mit verschiedenen Rhythmusinstrumenten gerichtet, gibt in kürzester Form Informationen über die Lautstärke, eine gemeinsame Steigerung und die Gleichförmigkeit des Anschlages der Instrumente.

Aufgabe

Finden Sie weitere bildhafte Vergleiche, mit der die Sprache musikalische Spielweisen verdeutlichen kann.

Weitere außermusikalische Hilfsmittel

Die Gestaltung eines Raumes durch seine Einrichtung unterstützt die musikalischen Aktivitäten. Dazu gehören z. B. auf den Spieler und das Instrument angepasste Sitzgelegenheiten. Die akustischen Eigenschaften eines Raumes werden durch Möbel u. Ä. geprägt, die in ihm stehen oder liegen. Abdunkelungsmöglichkeiten können zurückhaltende und ängstliche Mitspieler enthemmen. Manche Spieler gehen in einer gewissen Anonymität eher aus sich heraus. Eine stimmungsvolle Gestaltung durch farbige Lichtquellen kann zur Intensivierung des musikalischen Ausdruckes beitragen.

Aufgabe

Schauen Sie sich in Ihrem Musikraum um. Über welche der beschriebenen Möglichkeiten verfügt er und wie wirken sie sich auf die musikalischen Gestaltungen aus?

Die Kombination der sechs unterschiedlichen Orientierungsformen ist die musikalische Praxis. Welche Formen zur Anwendung kommen, entscheidet der Heilerziehungspfleger auf Grund seiner Kenntnis der Bedürfnisse und Möglichkeiten der Menschen mit Behinderung. Dazu berücksichtigt er auch das angestrebte musikalische Ergebnis, seine musikbezogenen Fähigkeiten und die instrumentale Ausstattung, mit der die Gruppe arbeitet.

Anwendung der verschiedenen Notationsformen

Das folgende Musikstück ist mit vier Stabspielen, einem Klavier und einem Vorleser darstellbar. Die Stimmen der Stabspiele können entsprechend der Klassengröße mehrfach besetzt sein. Falls eine Kleingruppe das Stück musiziert, besteht die Möglichkeit auf Stimmen zu verzichten.

Die ungestüme Meereswelle – ein Musikstück für vier Stabspiele, ein Klavier und einen Vorleser

Das musikalische Material

Der Text:

(1) *Das blitzblaue Meer liegt wie eine riesengroße Scheibe da.*

(2) *Der Wind schläft und lässt die Meereswellen in Ruhe.*

(3) *Sie kuscheln sich träge und faul.*

(4) *Unten auf dem Meeresgrund sitzt der Meeresgott und denkt nach.*

(5) *Langsam kommt Wind auf und vertreibt die große Ruhe der Meereswellen.*

(6) *Sie werden wach und beginnen sich zu regen.*

(7) *Sie rollen mit dem Wind um die Wette.*

(8) *Die Wellen springen hoch und runter, hoch und runter.*

(9) *Nach dem Wellenberg kommt ein Wellental.*

(10) *Immer und immer wieder.*

(11) *Am Ufer kommen die Wellen an und verlaufen sich im Sand des Strandes.*

(12) *Ganz gemächlich schwappen sie ans Ufer und treiben wieder ins Meer zurück.*

(13) *Das geht ohne Pause, regelmäßig und ruhig.*

(14) *So ruhig, wie dein Atem geht.*

(15) *Ein und Aus ist gleich Wellenberg und Wellental.*

(16) *Das Ein und Aus des Atems ist gleich dem Auf und Ab des Meeres.*

(17) *Ganz ruhig und gleichmäßig geht dein Atem.*

(18) *So ruhig wie das Meer.*

(Else Müller, Auf der Silberlichtstraße des Mondes, Fischer Taschenbücher, Frankfurt 1995, S. 47 f.)

Aufgaben

1. Erarbeiten Sie sich zunächst die fünf verschiedenen Melodien und spielen Sie diese einzeln vor. Fügen Sie die Stimmen 1, 2 und 3 nacheinander einsetzend zusammen. Probieren Sie die Stimmen 4 und 5 im Wechsel.
2. Verbinden Sie anschließend die Melodiebausteine mit passenden Zeilen des vorliegenden Textauszuges. Die Ziffern der Textzeilen und die der Melodieteile sollen eine Absprache hinsichtlich der Zusammenführung erleichtern. An welchen Textzeilen tritt eine Stimme hinzu bzw. hört eine Stimme auf?
3. Entwickeln Sie eine musikalische Gestaltung, bei der durch die Schichtung der Stimmen und durch eine lauter oder leiser werdende Spielweise der Textinhalt umgesetzt wird.
4. Welche der oben genannten Notations- und Kommunikationsformen haben Sie genutzt? Wie haben diese Formen zum musikalischen Gelingen des Stückes beigetragen?
5. Was leisten die verschiedenen Kommunikationshilfen? Unterscheiden Sie die verschiedenen Formen hinsichtlich ihrer Genauigkeit der musikalischen Anweisung.
6. Entwerfen Sie einen Text mit einer musikalische Darstellung zu einem Thema Ihrer Wahl.

1.2.3 Instrumente und Methoden der Präparation von Instrumenten

Aufgaben

1. Welches Instrument würden Sie gerne erlernen? Erinnern Sie sich an Chancen, bei denen Sie Ihren Wunsch, ein bestimmtes Instrument zu spielen, umsetzen konnten.

2. Worin liegt Ihr Bedürfnis, ein bestimmtes Instrument zu spielen, begründet? Versuchen Sie, Ihre Beweggründe in Worte zu fassen: Welchen Einfluss haben beispielsweise Form und Klang des Instrumentes oder zurückliegende Begegnungen mit dem Instrument?
3. Kennen Sie Menschen mit Behinderung, die gern ein bestimmtes Instrument spielen würden? Worin bestehen ihre Beweggründe?

Der Wunsch zum Spiel eines bestimmten Instrumentes kann bei Menschen mit und ohne Behinderung auf ihr besonderes Ausdrucksbedürfnis zurück zu führen sein. Häufig gibt es nur wenige oder keine Alternativen zu diesem Instrument, deren Spiel eine ähnlich befriedigende Leistung erbringen würde. Die Frage, welches Instrument zu jemandem „passt", entscheidet das individuelle Bedürfnis. In der Heilerziehungspflege soll dem Menschen mit Behinderung durch seine Begegnung mit dem Wunschinstrument ein instrumentaler Ausdruck ermöglicht werden. Dabei ist ein von außen herangetragenes Spielniveau weniger wichtig als die Freude der Auseinandersetzung mit dem Instrument. Ein „Nicht-Spielen-Können" soll die Zuneigung des Menschen mit Behinderung zu einem bestimmten Instrument nicht verhindern.

In welcher Weise ein Mensch mit Behinderung musiziert, ist auch eine Frage der Spielbarkeit und Handhabung des Instrumentes. Es gibt Instrumente, deren Tonvorrat vorgefertigt ist und mit einem Niederdrücken einer Taste abgerufen wird. Bei anderen Instrumenten ist die Tonbildung mit körperlichem Einsatz wie die Koordinierung beider Hände verbunden (z.B. bei Streich- und Blasinstrumenten). Das Spiel von Instrumenten bedarf also sehr unterschiedlicher geistiger und körperlicher Voraussetzungen.

Unter den Methoden der Präparation sind einfache instrumentale Anpassungen durch Hilfsmittel an musikalische und körperliche Voraussetzungen der Spieler zu verstehen. Ziel ist es, mit den individuellen Fähigkeiten des Spielers seine musikalische Ausdrucksfähigkeit zu erhalten und zu fördern. Die Präparation kann eine positive Erstbegegnung mit einem Instrument erfahrbar machen, indem durch eine einfache Spielweise auf Anhieb ein positiv erlebter Instrumentenklang möglich wird. Ebenso kann damit eine Erweiterung des instrumentalen Klangpotentials verbunden sein. Die Vereinfachung der Spielweisen kann instrumentale Zugänge für Menschen mit Behinderung und Nicht-Spieler eines Instrumentes gleichermaßen ermöglichen.

Grundlage der spielerischen Annäherung ist eine offene Einstellung gegenüber der Rolle am Instrument und den damit erwerbbaren Erfahrungen durch den Spieler. Das voraussetzungsfreie Musizieren soll auch den Nicht-Instrumentalisten der Klasse und in der Praktikumsstelle Freude machen, denn jeder kann mitspielen. Der Spaß am instrumentalen Klang ist der Zugang zum Musikmachen für Menschen mit und ohne Behinderung. Die Präparation der Instrumente wird jedoch nicht eine körperliche oder geistige Behinderung kompensieren oder eine Spielfähigkeit suggerieren, die einer mehrjährigen instrumentalen Ausbildung gleichkommt.

Die Auswahl der dargestellten Instrumente beruht auf ihrer allgemeinen Verbreitung und der Verfügbarkeit in den Einrichtungen der Behindertenhilfe. Damit soll die Erprobung weiterer verfügbarer Instrumente nicht ausgeschlossen sein.

Aufgabe

Stellen Sie die im Folgenden beschriebenen Instrumente arbeitsteilig der Klasse vor. Berücksichtigen Sie dabei neben äußeren Eigenschaften die Handlungsmöglichkeiten der Spieler am Instrument. Diese orientieren sich beispielsweise an folgenden Fragestellungen:

- Welche elementaren Bewegungsabläufe (streichen, blasen, schlagen, ...) kann der Spieler vollziehen?
- Kann er zwischen verschiedenen Klang- oder Anschlagsorten am Instrument wählen?
- Ist es möglich, verschiedene Lautstärken zu erzeugen?
- Welchen Personen können die Präparationsmethoden helfen – Dem Mensch mit Behinderung, dem Heilerziehungspfleger oder beiden?
- Kann man dem Instrumentenklang nachlauschen oder ist ein längerer Instrumentenklang an regelmäßige körperliche Impulse gebunden?
- Welche bildlichen Vorstellungen offenbart der Klang?
- Welchen Identifikationsanlass bietet das Instrument?
- Besteht die Möglichkeit zum Zusammenspiel mit anderen oder mehreren gleichen Instrumenten?

Saiteninstrumente

Die Gitarre

Aufgrund ihrer Medienpräsenz ist die Gitarre ein bekanntes Instrument. Als Melodieinstrument, zur Begleitung von Melodien und als Klopf oder Schlaginstrument ist sie musikalisch vielseitig einsetzbar. Die Gitarre bietet zahlreiche Möglichkeiten zur Abwandlung von Spieltechniken, so dass fast jedes spielerische Niveau erreichbar ist. Trotzdem bleibt das hohe Identifikationspotential des Instrumentes erhalten. Beim Gruppenspiel kann man mehrere Gitarren in gleichen oder unterschiedlichen Funktionen einsetzen, so dass alle Teilnehmer mitspielen können. Die Methoden der Umstimmung sind bei allen Gitarrenarten wie die Konzert-, Western- und E-Gitarre realisierbar. In Verbindung mit der Verwendung eines

Kapodasters[1] kann ohne die Nutzung der Greifhand zwar nur eine Harmonie gespielt werden, in der Anschlagshand besteht aber die Möglichkeit der kreativen Entwicklung rhythmischer Elemente. Verschiedene grafische Notationsformen wie die Verwendung von Symbolen oder Farben sind denkbar. Mitgelesene Liedtexte bieten ein gute Orientierungsmöglichkeit bei der Begleitung von Liedern. Sinnvolles Zubehör ist ein chromatisches Stimmgerät, ein Kapodaster und mehrere Plektrums[2] bzw. etwas größere, biegsame Plastikplättchen.

Übungen

1. Klopfen Sie frei gewählte Rhythmen mit Fingerkuppen oder Filzschlägeln auf unterschiedliche Stellen von Decke, Boden und Zargen der Gitarre. Führen Sie einzelne Anschläge aus und lauschen Sie dem Nachklang der Gitarre.
2. Streichen Sie mit Daumen oder Plektrum an verschiedenen Stellen über die Saiten und vergleichen Sie die unterschiedlichen Klangergebnisse. Probieren Sie auch die Saitenenden jenseits des Steges an der Stimmmechanik anzuschlagen.
3. Die herkömmliche Stimmung der Saiten lautet E, A, D, g, h, e. Stellen Sie mit einem Stimmgerät die Tonhöhen E, Gis, E, gis, h, e her und streichen Sie über alle Saiten. Wie klingt die präparierte Stimmung im Vergleich zur herkömmlichen Stimmung?
4. Bringen Sie bei zwei umgestimmten Gitarren einen Kapodaster im achten Bund[3] und einen Kapodaster im dritten Bund an. Nun spielen zwei Personen im Wechsel jeweils vier Schläge lang die Akkorde C und G.
5. Finden Sie einfache Lieder, die Sie mit den zwei Gitarren begleiten können. Wechseln Sie die Begleitharmonie nach ihrem Höreindruck. Wie sind Sie als Nicht-Gitarrist mit dem klanglichen Ergebnis zufrieden?
6. Erweitern Sie den Vorrat an Begleitharmonien, indem Sie die Kapodaster-Positionen der Akkorde F, G, A, H, C und D festlegen. Probieren Sie andere Stimmungen der Saiten, z. B. E, H, E, g, h, e. Stellen Sie Akkordfolgen für mehrere Spieler zusammen.

Das Klavier

Neben dem Spiel mit der Tastatur kann man durch Entfernen von Abdeckungen am Gehäuse Teile der Saiten und der Mechanik freilegen und dort ebenfalls Klänge erzeugen. Die meist 88 Tasten lassen sich durch die Einteilung in Oktaven, innerhalb derer sich die Tonnamen wiederholen, gut strukturieren. Farbige Markierungen zur Begrenzung des zu spielenden Tonraumes sind leicht anzubringen bzw. wieder zu entfernen. Die gewichtete Tastatur verdeutlicht den Zusammenhang zwischen der aufgewendeten Anschlagskraft und der entstehenden Lautstärke. Hierin besteht ein bedeutender Unterschied zum Keyboard.

Aufgrund des breiten Tonumfanges ist das Klavier in verschiedenen Funktionen einsetzbar. Es können ein und mehrstimmige Melodien gebildet werden, durch das gleichzeitige Niederdrücken mehrerer Töne besteht die Möglichkeit der Bildung von Akkorden, und es kann zur Abrundung des Tonumfanges bei verschiedenen Spielanlässen genutzt werden, wie durch das Spiel einfacher Basstöne zur Liedbegleitung.

---

[1] *Ein Kapodaster ist eine kurze Querleiste, die am Gitarrenhals befestigt wird und alle Saiten auf einmal herunterdrückt.*
[2] *Plektrums sind kleine Kunststoffplättchen, die zwischen Daumen und Zeigefinger gehalten werden. Schlägt man die Saiten mit ihrer Hilfe an, ändern sich Klang und Lautstärke der Gitarre.*
[3] *Bund bezeichnet das Feld zwischen zwei Metallstäbchen auf dem Gitarrenhals, auf dem gegriffen wird oder auf dem der Kapodaster angebracht ist.*

Ein erster musikalisch sinnvoller Zugang zum Instrument ist das Spiel der fünf schwarzen Tasten. Durch ihr Vorstehen sind sie einfach nieder zu drücken und es klingen keine unpassenden Töne dazu. Die entstehende pentatonische Reihe (siehe Kapitel 3.3) ermöglicht die einfache Bildung von Melodien. Die Töne können mit Hilfe des rechten Pedales gut aneinander gebunden werden. Die weißen Tasten setzen sich optisch gut ab. Mit ihnen sind zahlreiche traditionelle Melodien darstellbar, die sich um den zentralen Ton C orientieren.

Andere Methoden der Klangbildung am Klavier werden durch das Entfernen der Vorsetzklappe über den Pedalen oder der Klaviaturenklappe über der Tastatur ermöglicht. Das Herunterdrücken des (rechten) Fortepedals nimmt die Dämmung von den Saiten. Der Anschlag der Saiten kann mit einem Plektrum erfolgen, wobei unerwünschte Töne durch Holzkeile abgedämmt werden können. Der Experimentierfreudigkeit sind keine Grenzen gesetzt.

Übungen

1. Entwickeln Sie in mittlerer Lage improvisierte Melodien mit den schwarzen Tasten der Tastatur. Fügen Sie anschließend mit den schwarzen Tasten eines Keyboards lang klingende Streicher als Begleitung hinzu.
2. Spielen Sie mit den weißen Tasten Tonleiterausschnitte und Melodien in mittlerer Lage um den Ton C herum. Erweitern Sie dabei den Tonraum langsam. Versuchen Sie bei beiden Übungen das rechte Pedal zur Bindung von Tönen zu nutzen.
3. Drücken Sie mit der Handfläche sogenannte Cluster, also mehrere Töne gleichzeitig nieder. Streichen Sie mit einem Finger bzw. einem weichen Gegenstand über schwarze oder weiße Tasten der Tastatur.
4. Bauen Sie den abgebildeten Korkenstempel für die Töne C, E, G und H, D, G und begleiten Sie verschiedene Lieder für zwei Akkorde.

5. Hommage à Debussy – Ein Korkenstempel mit vier oder fünf geschichteten Terzen (siehe Foto) erzeugt Zusammenklänge im Stile des Komponisten Claude Debussy. Schlagen Sie diese Akkorde langsam an und lauschen Sie ihnen nach. Welche Gedanken gehen Ihnen durch den Kopf?
6. Präparieren Sie das Klavier, indem Sie bei geöffneter Bodenplatte und durch einen Korken niedergedrücktes rechtes Pedal mit einem Plektrum über die Saiten streichen. Dämmen Sie anschließend mit Holzkeilen verschiedene Saiten ab und kombinieren Sie Zusammenklänge von verschiedenen Tönen.

Das Saitenspiel

Das abgebildete Saitenspiel ist der Zither sehr ähnlich. Auf einem dreieckigen Resonanz-raum sind 15 Saiten in waagerechter Ausrichtung zum Spieler gespannt. Damit ist der Ton-umfang gegenüber einer Zither geringer, und der Saitenabstand ist aus Gründen der bes-seren Spielbarkeit deutlich breiter. Der Tonumfang reicht aus, um z.B. alle gewünschten Lieder zu spielen, denn der menschliche Stimmumfang umfasst ebenfalls nicht wesentlich mehr Töne. Mit einem Plektrum zwischen zwei Fingern kann eine Hand einstimmige Melo-dien spielen, bei fehlender Fixierungsmöglichkeit können aufsteckbare Fingerpicks[1] ver-wendet werden. Man spielt das Instrument vor sich auf dem Tisch liegend und koordiniert die Bewegungen der Anschlagshand mit dem Auge. Gleichzeitig kann man eine einfache Notation erfassen, die in Form eines dreieckigen Papieres unter die Saiten geschoben wird. Dort, wo auf dem Blatt ein Punkt bzw. ein Notenwert unter einer Saite notiert ist, schlägt man an und lässt den Ton entsprechend lang klingen. Auf einem linierten dreieckigen Blatt können auch selbst gefundene Tonfolgen notiert und abgespielt werden. Die Zusammen-legung des Notenlese und des Spielprozesses in einem Sichtfeld und die unmittelbare Dar-stellungsform der Noten, die den Verstehensprozess eines übertragenden Zeichensystems erspart, machen die besondere Eignung des Saitenspieles aus. Das Instrument kann mit einem chromatischem Stimmgerät oder nach Gehör im Vergleich mit anderen Instrumenten gestimmt werden. Sind keine geeigneten Instrumente verfügbar, gibt es eine Stimmhilfe unter www.zithern.de[2]. Hier kann man auch einige Lieder abrufen.

---

1 *Bei Fingerpicks handelt es sich um Plektren (Plural von Plektrum), die auf die Finger der Anschlagshand gesteckt werden. Wie das Plektrum verändern sie den Klang der Gitarre oder des Saitenspieles, werden jedoch durch das Auf-stecken einfacher und sicherer gehalten als das Plektrum.*
2 *Stand Februar 2004*

Übungen

1. Streichen Sie mit verschieden harten Gegenständen über alle Saiten und lauschen Sie dem Verklingen des Instrumentes.
2. Ein mit der Hand locker fixierter Holzschlägel fällt an verschiedenen Stellen auf die Saiten und federt zurück.
3. Zupfen Sie mit einem Plektrum oder mit dem Finger alle Töne der Reihe nach an.
4. Führen Sie einen gleichbleibenden Tonabstand vom tiefsten zum höchsten Ton und zurück aus. Beispiel: G – H – A – C – H – D usw.
5. Summen Sie Ihnen bekannte Melodien und spielen Sie diese nach dem Gehör mit. Nach einiger Übung spielen Sie ohne die Singstimme.
6. Notieren Sie die gespielte Melodie auf ein einschiebbares Blatt Papier. Finden Sie dazu Zeichen für unterschiedliche Tonlängen. Entwickeln und notieren Sie auch selbst gefundene Melodien und tauschen Sie diese innerhalb Ihrer Lerngruppe aus.
7. Welcher Melodieton fehlt? Lassen Sie in Partnerarbeit einen Noten-Lückentext durch eine passende Note füllen.

Selbstklinger

Stabspiele

Stabspiele werden nach den zum Klingen gebrachten Materialien in Xylophone und Metallophone unterteilt. Diese Instrumente verfügen über einen Tonumfang von mehreren Holz oder Metallplatten auf einem Resonanzkörper in chromatischer oder diatonischer Anordnung (siehe Kap. 3.1). Sie werden in den Tonlagen Bass, Tenor und Alt gebaut. Bei Stabspielen in Sopranlage spricht man von Glockenspielen. Durch die Verwendung verschieden harter Filz- oder Holzschlägel können die Klangfarben der Stabspiele verändert werden. Beim Einsatz im Melodie- oder Begleitspiel kann durch das Entfernen von Klangplatten, die nicht zum Tonmaterial gehören, eine wirksame Präparierung erzielt werden, bei der die Tonhöhenunterschiede immer noch durch die Länge des zurückgelegten Weges der Anschlagshand nachvollzogen werden können. Die Gefahr des Verspielens wird so minimiert. Werden die Holz oder Metallplatten auf einzelne Resonanzkörper aufgebracht, spricht man von Einzelklangstäben. Auch sie werden je nach Tonlage unterschiedlich bezeichnet (z. B. Bass- und Metallklangstäbe). Ein Spieler kann mehrere Klangstäbe in seinem Spielradius vor sich aufbauen und sich dabei auf das musikalisch notwendige Tonmaterial beschränken. Um mehrere Spieler beteiligen zu können, besteht die Möglichkeit mit je einem Klangstab gemeinsam eine Begleitung oder eine Melodie darzustellen. Aufgrund des begrenzten Tonraumes der Stabspiele können als Spielgrundlage gut grafische Notationen verwendet werden.

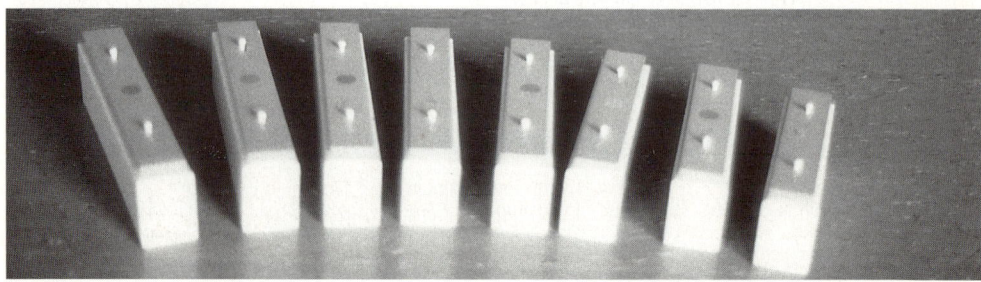

Schlitztrommeln verfügen über mehrere hölzerne Klangzungen, die auf einem großen Resonanzkörper aufgebracht sind. Dieser vermittelt beim Anschlagen vibratorische Reize, die auch über den Körper erfasst werden können. Der Tonraum besteht je nach Instrument aus Dreiklangstönen (siehe Kapitel 4.1), pentatonischem oder diatonischem Material. Im Zusammenklang von Tönen oder als Tonfolge können hier immer positive Klangerfahrungen vermittelt werden.

Übungen

1. Jeder Mitspieler hat ein Xylophon vor sich stehen. Ein Spieler spielt auf den Bassklangstäben langsam die Tonfolge C, G, C. Improvisieren Sie im Wechsel verschiedene Melodien auf einem Stabspiel. Erweitern Sie dabei langsam den Tonraum.
2. Spielen Sie nach dem Gehör Melodien Ihnen bekannter Lieder.
3. Probieren Sie eine andere Anschlagsform: Führen Sie rhythmische „Wischbewegungen" mit einem oder zwei Filzschlägeln über mehrere nebeneinander liegende Töne aus. Nutzen Sie dabei auch unterschiedlich harte Schlägel.
4. Entwickeln Sie ein Musikstück für verschiedene Stabspiele und schreiben Sie es als eine grafische Notation auf. Das musikalische Material wie Einzeltöne (zusammen oder nacheinander klingend) und Wischbewegungen (glissando) sollen dabei durch treffende Zeichen dargestellt werden (z. B. Punkte und Pfeile u. v. m.). Weitere Spielweisen können durch passende Symbole bezeichnet werden. Führen Sie anschließend das Stück gemäß der grafischen Notation auf.
5. Schlagen Sie im Stehen einen Metallklangstab an und führen Sie beim Ausklingen eine Schwenkbewegung mit dem Klangstab durch. Stellen Sie so mit Ihrer Gruppe das Ein- und Ausschwingen eines Glockenstuhles dar, dessen Tonfolgen langsam und nacheinander ein und aussetzen.

Klangschalen

Klangschalen stammen aus dem Himalaya-Gebiet, wo ihr Klang bei buddhistischen Riten und Meditationen eingesetzt wird. Ihre Zusammensetzung aus einem tief klingenden Ton und mehreren Obertönen repräsentiert die fernöstliche Musikkultur. Sie sind nicht geordnet wie die temperierten Obertonanteile europäischer Instrumente und in ihrer Zusammensetzung bei jeder Klangschale einzigartig. Jede Schale hat ihren eigenen Klang, je nach Form und Stärke der Wand sowie der Metalllegierung. Das Gewicht der Schale ist ein Maßstab ihrer Klangqualität , sie sollte nicht zu leicht sein. Der Anschlag der Schale mit einem Schlegel oder Klöppel eröffnet unvermutet viele Gestaltungsmöglichkeiten, die jeder Spieler umsetzen kann. Probieren Sie daher gemeinsam mit dem Menschen mit Behinderung verschiedene Schalen aus und arbeiten Sie mit Schalen, die Ihnen zusagen. Einzelne Schritte der Beschäftigung mit dem Instrument werden in den folgenden Übungen benannt, ihre Wirkungen auf Zuhörer und Spieler sprechen für sich.

Übungen

1. Betrachten und erfühlen Sie die Klangschale. Wie nehmen Sie das Metall wahr? Wie schwer ist die Schale? Lassen sich die Schläge der Bearbeitung und eingravierte Zeichen ertasten?
2. Schlagen Sie die Klangschale mit einem Klöppel an, und lauschen Sie dem Ton mit geschlossenen Augen bis zu seinem Verklingen nach. Wie hört sich die einsetzende Stille an? Welche Gedanken gehen Ihnen durch den Kopf?
3. Wie viele unterschiedliche Tonhöhen können Sie hören? Versuchen Sie diese Töne mit der eigenen Stimme nach zu summen. Versuchen Sie auch beim Zusammenklang mehrerer Schalen noch einzelne Tonhöhen mit der Stimme darzustellen.
4. Probieren Sie mit unterschiedlichen Gegenständen anzuschlagen: z. B. mit einem Holzklöppel, ein mit Stoff umwickelter Klöppel, ein glatter Steine, ein Hammer u. a. Welcher Schlägel lässt den tiefen Ton, welcher die Obertöne erklingen?
5. Wie klingt die Schale, wenn man sie am oberen Rand anschlägt, und wie klingt sie, wenn sie weiter unterhalb angeschlagen wird?
6. Halten Sie die Schale vor sich auf der flachen Hand und lassen Sie einen Klöppel mit Druck um den äußeren Schalenrand kreisen. Welcher Ton erklingt? Beim Nachlassen des Druckes wird die Kraft der vibrierenden Schale ein schnarrendes Geräusch erzeugen.
7. Führen Sie die klingende Schale auf der flachen Hand an verschiedene Körperteile und spüren Sie die Vibration der umgebenden Luftmassen. Setzen Sie die klingende Schale auf geeignete Körperteile.
8. Bringen Sie die klingende Schale kurz vor Ihren Mund und formen Sie stimmlos verschiedene Lippenstellungen und Mundöffnungen. Welche Klangeffekte werden möglich? Versuchen Sie auch, die Schale anzublasen.
9. Füllen Sie eine Schale mit wenig trockenem Sand und beschreiben Sie die Muster, die die Vibrationen des Anschlages verursachen. Versuchen Sie auch eine dünnwandige Schale am oberen Rand mit einem Geigenbogen in Schwingung zu bringen.
10. Füllen Sie die Schale mit Wasser und schlagen Sie sie an. Lassen Sie die Schale auch schwimmend in einem größeren, mit Wasser gefüllten Gefäß erklingen.

Fellinstrumente-Trommeln

Trommeln begegnen uns in vielfältigen Formen und ethnologischen Varianten. Als südamerikanische Bongo oder als afrikanische Djembè sind sie ein Beleg der Universalität des musikalischen Ausdrucks. Das Verb „trommeln" bezeichnet die Ausführung eines Schlages durch Körperkraft auf ein gespanntes Fell, mit dem die unmittelbare Ableitung von Körperenergien verbunden ist. Das Instrument artikuliert die Bewusstseinszustände des Trommlers und teilt sie den Zuhörenden mit.

„Das Trommeln mit den Händen auf ein Trommelfell ist wie ein Kontakt von Haut zu Haut. Diese sinnliche Direktheit kann, je weniger man auf der Flucht in die Meisterschaft ist, grundsätzlich wichtige Selbst-Erfahrung vermitteln. Wer seine Hände geschehen und erzählen lässt – und oft wissen sie mehr als der Kopf – hört Beobachtungen, Bilder, Erkenntnisse, Gedanken und Befinden. Diese sind vielleicht im Innersten schon bekannt, haben aber weder einen Weg nach außen noch eine Sprache gefunden."

(Hegi, Improvisation und Musiktherapie, 1993, S. 41)

Der Anschlag auf das Fell wird mit den leicht gespannten Flächen beider Hände ausgeführt. Um eine gute Klangentfaltung zu ermöglichen, lösen sie sich sofort nach dem Anschlag vom Fell. Neben unterschiedlichen Stellen zwischen Trommelfellmitte und -rand haben Trommeln weitere Klangorte am Korpus. Wenn man die Trommel sitzend mit den Oberschenkeln oder anderen Körperteilen umfasst, spürt man die Vibrationen des Anschlages. Der Anschlag mit Schlägeln schafft eine Distanz zum Instrument. Durch die Verwendung verschieden harter Schlägel können zahlreiche Klangfarben gebildet werden. Schlägel ermöglichen auch die Erzeugung hoher Lautstärken. Bei einem gestörten Gruppengefüge oder bei Mitspielern mit psychischen Erkrankungen können Schlägel zur Machtausübung in Form von lauten Schlägen gegenüber der zuhörenden Gruppe verführen. Gemeinsam zu trommeln verschafft einer Gruppe rasch ein Zusammengehörigkeitsgefühl. Es sind dabei keine aufwändigen instrumentalen Einweisungen nötig und häufig spielen die Teilnehmer vorgegebene Rhythmen einfach nach.

Übungen

1. Prüfen Sie die Klangqualität Ihres Anschlages, indem Sie beidhändig nacheinander einen zentrierten Schlag auf das Trommelfell ausführen.
2. Schlagen Sie verschiedene Stellen an Trommelfell und Trommelkessel an. Welche Klangmöglichkeiten eröffnet Ihre Trommel?
3. Die Teilnehmer der Gruppe trommeln gemeinsam ohne rhythmische Vorgabe. Beobachten Sie, ob und wie sich ein gemeinsamer Rhythmus durchsetzt.
4. Greifen Sie den von der Gruppe gefundenen Rhythmus auf und spielen Sie ihn über die Dauer von zwei Takten. Es folgt anschließend ein ebenso langer Zeitraum, den ein Spieler mit einem improvisierten Rhythmus solistisch füllt. Die Gruppe wechselt sich weiterhin mit anderen solistischen Trommlern ab.
5. Was erzählen Ihre trommelnden Hände gemäß des Zitates von Hegi? Trommeln Sie mit Ihrer Gruppe einen angemessenen Zeitraum lang und tauschen Sie Ihre Assoziationen aus.

Blasinstrumente

Die Mundharmonika

Um rasch musikalische Erfolgserlebnisse zu erzielen, bedarf das Spiel auf einigen Blasinstrumenten einer komplexen Fingerarbeit (z. B. Blockflöte) oder eines schwierigen Ansatzes (z. B. Trompete). Die Mundharmonika bildet hier eine Ausnahme, denn bereits beim ersten Hineinblasen entsteht ein angenehmer Zusammenklang mehrerer Töne. Der Tonvorrat ist festgelegt. Die Tonhöhe lässt sich durch den Wechsel der Einblasorte links, mitte, rechts durch Verschieben vor den leicht geschlossenen Lippen ändern. Durch das „Ziehen" von Atemluft an den gleichen Stellen ändert sich die Tonlage ebenfalls. Zur Notierung einfacher Melodien können Symbole für das Ziehen und Blasen an drei verschiedenen Orten verabredet werden. Dazu ist die Anbringung eines Klebepunktes am Instrument zur Kennzeichnung der Stelle „oben" sinnvoll. Als diatonisches Instrument verfügt die Mundharmonika über die Töne einer Tonleiter und ist in verschiedenen Tonarten erhältlich. Damit kann die Mundharmonika auch als wirkungsvolles Begleitinstrument in verschiedenen Ensembles eingesetzt werden.

Übungen

1. Führen Sie Vorübungen zur Atemdosierung mit Lippenschluss durch, indem Sie auf verschiedenen Kirmesinstrumenten spielen (Lotusflöte, Trillerpfeife, Tröte u. v. m.). Wechseln Sie dabei auch jeweils die Lautstärke.
2. Versuchen Sie dosiert und zielgerichtet zu blasen: z. B. eine Lage eines Papiertaschentuches vor sich haltend anzuheben, Wattbäusche in eine Richtung zu lenken oder Luftschlangen anzublasen. Ziehen Sie auch dosiert Atemluft ein, indem Sie mit einem Trinkhalm Konfetti oder Papier ansaugen.
3. Blasen und ziehen Sie dosiert den Luftstrom in die Mundharmonika. Wechseln Sie zwischen den Einblasorten links, mitte und rechts.
4. Stoßen oder ziehen Sie den Atem rhythmisch in punktierten Notenwerten. Beobachten Sie dabei die Aktivitäten des Zwerchfelles.
5. Begleiten Sie in dieser Weise ein Lied Ihrer Wahl, dass sich mit den Begleitakkorden C und G gestalten lässt. Beim Harmoniewechsel ändern Sie die Richtung des Luftzuges.

Digitale Musikinstrumente

Das Keyboard

Keyboards stehen in vielen Einrichtungen der Behindertenhilfe zur Verfügung. Aufgrund ihrer Erschwinglichkeit werden sie häufig von den Bewohnern angeschafft. Das Instrument benötigt wenig Stauraum und ist leicht zu transportieren. Keyboards haben in der Regel

Spielhilfen wie eine Begleitautomatik und Begleitrhythmen. Man kann mit einem Finger spielen und weitere zur Melodie passende Töne werden elektronisch ergänzt. Keyboards können eine Fülle von Klangfarben darstellen. Die per Knopfdruck erreichbare Vielfalt erschöpft sich rasch und eine andere sensomotorische oder experimentelle Form der Einflussnahme auf das Instrument bietet sich nicht an. Das Keyboard ist eher ein Instrument zum Nachahmen von Musik als für die Gestaltung kreativer Klangexperimente, denn aufgrund der festgelegten Instrumentalklänge und Drumsounds besteht ein eindeutiger Bezug zu einer musikalischen Stilrichtung, nämlich zur Popmusik. Hier bietet es durchaus einen hohen Identifikationsanlass, wenn Stücke bekannter Interpreten im originalen Sound erklingen.

Übungen

1. Sind in ihrer Praxisstelle Keyboards vorhanden? Sind sie in Privatbesitz oder vom Träger angeschafft worden?
2. Wird mit dem Keyboard regelmäßig musiziert?
3. Welchen Zugang und welche Förderung erfahren die Menschen mit Behinderung am Keyboard?

Alesis AirFX Klangfarbenwandler

Der AirFX der Firma Alesis kann Geräusche, Sprache oder Musik, die von einem Tonträger abgespielt werden, durch digital geformte Klangeffekte verändern. Das Instrument wird zwischen Endgerät (CD – Player, Cassettenrecorder, Mikrophon o. Ä.) und Verstärker geschaltet. Der Unterschied zu herkömmlichen elektronischen Effektgeräten, z. B. für elektrische Gitarren, besteht in der Zugangsweise des Gestaltenden, der die Effekte nicht über komplizierte Tasten und Regler steuert. Beim AirFX wird die Musik des Tonträgers durch eine Handbewegung über einem Infrarotauge beeinflusst. Die Intensität der Klangänderung ergibt sich aus der Entfernung und der Richtung, aus der sich die Hand dem Infrarotauge nähert. Je näher die Hand über dem Auge ist, desto stärker wird die Klangquelle beeinflusst. Zahlreiche Änderungen können vollzogen werden wie z. B. die Höhen und Tiefenregelung der Tonquelle, die Tonhöhe, die Lautstärke, die Einbindung zusätzlicher Geräusche oder die Verlangsamung der Musik, als wenn man einen Plattenteller mit der Hand abbremst. Die Leistung dieses Klangfarbenwandlers besteht in seiner unmittelbaren und spontanen Steuerungsmöglichkeit durch elementare Handbewegungen, die durch das Gehör, das die Intensität der Klangänderung wahrnimmt, beeinflusst wird. Eine Bewegung löst hier eine unmittelbare Wirkung ohne kognitive Hürden aus.

Übungen

1. Prüfen Sie die Variationsmöglichkeiten des Gerätes, indem Sie einen lang klingenden Keyboardton nacheinander mit den Klangfarben des Gerätes beeinflussen.
2. Spielen Sie ein Musikstück Ihrer Wahl und führen Sie über dem Klangfarbenwandler rhythmische Handbewegungen aus.
3. Singen oder Sprechen Sie in ein Mikrophon und verändern Sie mit dem Gerät den Stimmklang.
4. Ändern Sie bei einer langsamen Instrumentalmusik bei lang anhaltenden Tönen die Tonhöhe durch das Niederfahren der Hand. Beispiel: Mitgestaltung des Flötensolos bei Debussy: L'apres midi une faune.
5. Heben Sie von Ihnen als schön empfundene Stellen einer Musik hervor, indem Sie unterschiedliche Effekte in das Musikbeispiel rhythmisch einfließen lassen.

Aufgaben nach dem Kennenlernen der Instrumente

1. Welche Instrumente haben Ihnen am besten gefallen? Wo fanden Sie den für Sie persönlich besten Zugang?
2. Welche Zugangsweisen Ihnen bekannter Instrumente haben Sie überrascht?
3. In welchem Situationen erscheint Ihnen ein Instrument am besten einsetzbar?
4. Sprechen Sie für Ihnen bekannte Menschen mit Behinderung. Welche Instrumente könnten einem Ihnen bekannten Menschen mit Behinderung gefallen? Stellen Sie dazu das persönliche Umfeld dieses Menschen dar.

1.2.4 Menschen mit und ohne Behinderung musizieren

In den Einrichtungen der Behindertenhilfe bestehen unterschiedliche Formen und Anlässe des gemeinschaftlichen Musizierens. In zahlreichen Häusern finden sich Menschen mit und ohne Behinderung zu Bandprojekten unterschiedlicher musikalischer Stilrichtungen zusammen. Andere Ensembles gestalten den musikalischen Rahmen von Gottesdiensten, Festen in der Einrichtung und sind auch bei öffentlichen Auftritten außerhalb des Hauses zu erleben. Auf Straßen- und Stadtfesten, Tanzveranstaltungen und Festen von Vereinen vertreten Musikgruppen die Einrichtung nach außen und nutzen die verbindende Wirkung der Musik zur Integration von Menschen mit Behinderung in der Gesellschaft. Andere Gelegenheiten gemeinsam zu musizieren bieten z. B. Liederabende und Trommelworkshops innerhalb der Einrichtung oder das Spiel in kleinen Ensembles in der Wohngruppe.

Aufgaben

1. Erkundigen Sie sich in einer Einrichtung der Behindertenhilfe in Ihrer Nähe nach musikalischen Vereinigungen. Berichten Sie in der Klasse, welche Musikrichtungen dort gespielt werden. Möglicherweise bekommen Sie auch eine Aufnahme, die Sie sich gemeinsam anhören können. Vergleichen Sie die verschiedenen musikalischen Stilrichtungen.
2. Zu welchen Anlässen treten diese Gruppen öffentlich auf? Besuchen Sie einen solchen Auftritt und beschreiben Sie die Atmosphäre, die bei dem Publikum und den Musikern herrscht.
3. Welche weiteren musikalischen Aktivitäten werden in der Einrichtung angeboten?

In musikalischer Sicht werden bei vielen Bands die Stilrichtungen der aktuellen Pop- und Rockmusik nachempfunden. Es werden sowohl eigene Kompositionen als auch Stücke von bekannten Bands nachgespielt. Die verbreiteten Themen in den Texten der Rockmusik wie Liebe, Freiheit, Provokation oder Trauer bieten den Spielern Angebote zur Identifizierung mit den musikalischen Vorbildern der bekannten Bands. Rockmusik zu machen kann sowohl eine Möglichkeit zur Kompensation von erfahrenem Druck oder Leid, als auch die Darstellung von erlebter Freude und Euphorie bedeuten.

Aufgaben

1. Stellen Sie Themen von Liedtexten zusammen, die in Ihrer Lerngruppe gehört werden oder die Ihnen bekannte Menschen mit Behinderung gerne hören. Welche parallelen Interessen und welche Unterschiede stellen sich dar?
2. Welche Bedeutung haben die Themen der Rockmusik für Menschen mit Behinderung? Wo bietet die Musik Anlass zur Identifikation und zur Kompensation? Beschreiben Sie Ihre Beobachtungen bei aktiven Musikern und bei den Zuhörern der Musik bezüglich konkreter Musiktitel.

Häufig musizieren in den Bands Menschen mit und ohne Behinderung in integrativen Projekten gemeinsam. Dabei ist die Zahl der Mitspieler häufig höher als bei den musikalischen Vorbildern, deren Musik nachgespielt wird. In musikalischer Sicht bietet die populäre Musik die Möglichkeit, Rhythmus- und Begleitinstrumente mehrfach zu besetzen. Jeder Mitspieler kann gemäß seinen individuellen Fähigkeiten eine musikalische Rolle einnehmen und hat Anteil an der Gesamtwirkung. Dadurch werden allen Teilnehmern die positiven Gruppenerfahrungen zuteil. Das Musizieren in Gemeinschaft fördert das Bewusstsein für die Verantwortung, die jeder einzelne hat, wenn es z. B. um die Gestaltung einer gemeinsamen Probe oder um einen öffentlichen Auftritt geht. Dabei sind auch positive Rückwirkungen auf das soziale Verhalten in anderen Lebensbereichen zu beobachten.

Aufgaben

1. Welche Aufgaben erfüllen Heilerziehungspfleger bei der Begleitung der Aktivitäten der Musiker mit Behinderung? Wie ist die Teilnahme an gemeinsamen Proben geregelt? Besteht die Möglichkeit zum Üben der Instrumente?
2. Beschreiben Sie den Einfluss, den die Teilnahme an gemeinsamen Musikprojekten auf die Bewohner hat. Wie wirkt sich das Musizieren auf das Sozialverhalten aus?

1.3 Erfahrungen und Reflexionen

1.3.1 Begründungen

Aufgaben

1. In welchen Zusammenhängen sprechen Sie über Musik? Denken Sie an den Erwerb von CDs, an ein neues Musikvideo, an die Charts, an ein erlebtes Konzert oder an ein bestimmtes Musikinstrument u. v. m.
2. Was sind die Gründe eines Austausches über derartige Themen?

Verbreitete Erfahrungsmuster beim Austausch über Musik liegen im Gefallen oder Missfallen der Zuhörer. Ein Musikstück stößt auf Ablehnung oder es wird gemocht. Das Hören von Musik zwingt im kommunikativen Miteinander zu einem Werturteil und zur Artikulation einer Meinung. Diese wird häufig jedoch nur sehr kurz gefasst: Man mag die Musik oder man mag sie nicht. Dennoch ist die Wirkung der Musik so groß, dass diese kurz gefasste Aussage immerhin artikuliert werden *muss*. Das emotionale Potential der Zuhörenden und der Gestaltenden von Musik ist jedoch vielseitiger, dennoch äußert sich kaum jemand differenzierter über bestimmte Stellen eines Musikstückes, über erlebte Bilder und Assoziationen, die sich beim Hören einstellten.

Die Gründe der sprachlichen Zurückhaltung liegen einerseits darin, dass man bestimmte Gefühle nicht ohne weiteres mitteilen will, andererseits ist unser alltäglicher Sprachgebrauch nicht immer in der Lage, angemessene Worte und Sätze über Eindrücke durch Musik zu finden.

Die Reflexion und Artikulation von musikbezogenen Erfahrungen ist im heilpädagogischen Arbeitsfeld notwendig, denn hier spielt das Musikhören und -gestalten eine mediale Rolle. Beide Tätigkeiten werden zum Träger eines dialogischen Entwicklungsprozesses zwischen dem Menschen mit Behinderung und dem Heilerziehungspfleger oder zwischen Heilerziehunspfleger und Praxisanleiter. Der verbale Austausch tritt der Flüchtigkeit des musikalischen Eindruckes entgegen und begleitet zwischenmenschliche Entwicklungen, die durch das lediglige Erleben von Musik der Beliebigkeit überlassen würden.

Die Reflexion von Erfahrungen ist für das Hören und das musikalische Gestalten aus folgenden Gründen bedeutsam:

◆ Vorlieben, Abneigungen und Abnutzungen gegenüber musikalischen Erlebnissen können mitgeteilt werden.

◆ Durch die Mitteilung der Bindung erlebter Gefühle und Bilder an musikalische Ereignisse werden diese wiederholbar.

◆ Eine musikalische Erfahrung bleibt fassbarer, wenn es gelingt, sie in Worte zu kleiden. Dadurch kann ein neuer Hör- oder Gestaltungsanlass geboten werden unter Berücksichtigung einer geänderten Bedürfnislage.

◆ Was der Darstellende durch Körper oder Instrument vermitteln wollte, kann erläutert werden. Die musikalische Mitteilung des Spielers an seine Außenwelt kann durch Worte unterstrichen werden.

Aufgabe

Erinnern Sie sich an zurückliegende musikalische Eindrücke und Ihre Selbstbekundungen dazu. Aus welchen der angeführten Gründe haben Sie sich mitgeteilt?

1.3.2   Zur Vorgehensweise

In einer thematisch offenen Vorstellungsrunde werden zunächst erworbene Erfahrungen nach einer musikalischen Gestaltung durch die beteiligten Personen dargelegt. Als anschließende Strukturierungshilfe und Anlass zur Ergänzung bislang noch nicht entdeckter Erfahrungen können in einer weiteren Gesprächsphase die im folgenden Kapitel angeführten Reflexionsprofile verwendet werden. Sie lenken den Blickwinkel aus der sachbezogenen Richtung der Musik in eine personenbezogene Sichtweise der beteiligten Personen. Nach dem Musizieren rücken die Erfahrungen und die Reflexionen des Angebotes und die Entwicklungsperspektiven der Teilnehmer in den Mittelpunkt der Anschauung. Unter einem passenden didaktischen Blickwinkel sind die Reflexionskriterien auf den Dialog mit dem Mensch mit Behinderung oder mit dem Heilerziehungspfleger anzuwenden.

Die unterschiedlichen Erfahrungs- und Reflexionskategorien sind auf jede musikalische Aktivität anwendbar. In den Reflexionsteilen der Kapitel Rhythmus (Kapitel 2.4), Melodie (Kapitel 3.4) und Klang (Kapitel 4.3) werden sie bezüglich konkreter Angebote repräsentativ vorgestellt.

Grundsätzlich jedoch ist jedes Reflexionsprofil auf jede musikbezogene Handlung anwendbar, wenn dieses dem Bedürfnis eines der Teilnehmer entspricht. Das Spannungsfeld der Erfahrungen ist überall dort, wo es möglich ist, als dynamisches Polaritätsprofil angelegt. Im Spektrum zweier entgegengesetzter Positionen kann sich eine individuelle Sichtweise wiederfinden.

Reflexionsgespräche bewegen Erfahrungen aus dem Erlebensraum der Musik in den Verstehensraum des Handelns. Im Anschluss an das Gespräch kann man sich in Form einer neuen musikalischen Aktivität wieder in einen neuen Erfahrungsraum begeben.

1.3.3   Reflexionsprofile

Kongruenz musikalischer Vorlieben des Menschen mit Behinderung und des Heilerziehungspflegers

Hinter dieser Formulierung steht die Frage, was der Mensch mit Behinderung und der Heilerziehungspfleger musikalisch mögen. Wird etwa in einem Wohnbereich der Behindertenhilfe auf dem Flur laut deutsche Volksmusik gehört, heißt das nicht, dass hier dem musikalischen Wunsch eines Menschen mit Behinderung entsprochen wurde. Oftmals werden Begründungen laut, dass man so etwas immer höre. Es stellt sich die Frage, welchem musikalischen Geschmack hier entsprochen wird. Im Rahmen einer heilpädagogischen Übung wird ein eingesetztes Lied oder ein Musikbeispiel als Medium zur Erreichung einer festgelegten Absicht verwendet. Inwiefern die Musik dem musikalischen Geschmack des Menschen mit Behinderung entspricht, ist ebenso im Vorfeld zu klären wie die Einstellung des Heilerziehungspflegers zu dieser Musik. Dabei ist zu berücksichtigen, dass musikalische Vorlieben einer Entwicklungsfähigkeit unterliegen können. Durch den Beziehungsaufbau kann sich beim Heilerziehungspfleger eine positive Einstellung zu einer Musik entwickeln, die im Vorfeld nicht da war. Der musikalische Geschmack des Heilerziehungspflegers ist dem Prozess einer Identitätsfindung durch eine bestimmte Musik beim Menschen mit Behinderung unterzuordnen. Dort, wo aufgrund von Behinderung ein Ausdrucksvermögen hinsichtlich musikalischer Vorlieben fehlt, ist eine exakte Beobachtung durch den Heilerziehungspfleger notwendig. Abweichendes Verhalten während einer Übung kann auf die Wahl eines ungeeigneten Musikstückes zurückzuführen sein. Wird dem Heilerziehungspfleger dieses im Rahmen seiner Reflexion bewusst, kann man nicht von einer misslungenen Übung sprechen, denn eine angemessene Reflexion ermöglicht die Auswahl eines anderen Musikbeispieles.

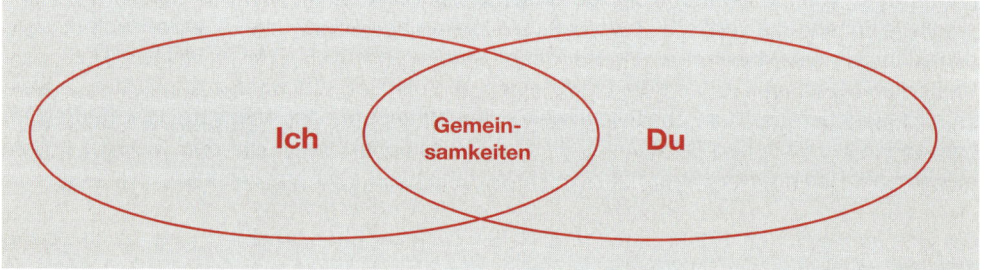

Aufgaben

1. Stellen Sie Ihre musikalischen Vorlieben dar und die eines Menschen mit Behinderung. Wo liegen Berührungspunkte, wo unterscheiden sich beide Wertschätzungen?
2. In welcher Situation stellen Sie sich auf die musikalische Vorliebe des Menschen mit Behinderung ein?
3. Welche Entwicklungsmöglichkeiten bezüglich Ihrer musikalischen Toleranz sehen Sie bei sich?

Erfahrungsraum Schule – Erfahrungsraum Praktikumsort

Beide Örtlichkeiten unterscheiden sich hinsichtlich der instrumentalen und räumlichen Ausstattung, den Möglichkeiten musikalischer Hilfestellungen und dem Verhältnis der anwesenden Beobachter oder Teilnehmer zueinander. Musikalisches Handeln vor wenigen bekannten Personen schafft eine Sicherheit, die ein unbefangenes Agieren eher erlaubt als in einer größeren Klassengemeinschaft. Treten musikalische Unsicherheiten auf, können diese von der Gruppe erörtert werden, während man in einer Einrichtung der Behindertenhilfe eher auf sich gestellt ist. Räume, in denen man ungestört musizieren kann, sind nicht in jeder Einrichtung verfügbar. Die gleiche musikalische Gestaltung kann sich daher im

Rahmen des Musikunterrichtes oder in einer Einrichtung der Behindertenhilfe verschiedenartig entwickeln. Da eine musikbezogene Übung im Rahmen der Ausbildung einen einflussreichen Stellenwert für die weitere Entwicklung haben kann, ist genau zu prüfen, wo sie durchgeführt wird.

Aufgabe

Finden Sie Beispiele, mit Hilfe derer Sie die Unterschiede zwischen beiden Erfahrungsräumen konkretisieren können. Beziehen Sie sich dabei auf Ihre Ausbildungssituationen in der Schule und in der Praktikumsstelle (Material, Hilfestellungen, Zurückhaltung oder Motivation durch beteiligte Personen u. v. m.).

Unsicherheit – Sicherheit

Die Feststellung erworbener musikalischer Sicherheit dokumentiert einen Entwicklungsprozess, dessen Bedingungen im Zusammenhang mit positiven Ergebnissen zu sehen sind. Nicht nur der Moment einer gelungenen musikalischen Darstellung oder Anleitung durch den Praktikanten ist von Bedeutung, sondern auch die Frage unter welchen Vorbedingungen und mit welchem Aufwand die damit verbundene Sicherheit gewonnen wurde. Diese Sichtweise über den Moment hinaus verschafft anderen den Eindruck, dass musikalisch sicheres Auftreten lernbar ist. Der Einfluss eines sicheren Auftretens des Heilerziehungspflegers wirkt sich auf die Gestaltung der Beziehung zum Menschen mit Behinderung aus. Vorteile und Risiken sind im Reflexionsgespräch zu erläutern. Unsicherheiten können eher im Gespräch kompensiert werden als durch eine Steigerung musikalischer Leistungsfähigkeit. Musikalische Fehler zu machen, gehört zum Musizieren und ein noch nicht zurückgelegter musikalischer Übeprozess sollte nicht verunsichern.

Aufgaben

1. Was fällt Ihnen deutlicher an sich selbst auf: Das Gefühl einer musikalischen Sicherheit oder einer Unsicherheit?
2. Stellen Sie am Beispiel eines zurückgelegten musikalischen Lernprozesses heraus, ob ihn Phasen von musikalischer und persönlicher Unsicherheit begleitet haben. Denken Sie beispielsweise an erste musikalische Gestaltungsversuche vor der Gruppe. Wie gelang Ihnen die Überwindung dieses Gefühls?
3. Verbinden Sie eine geeignete musikalische Gestaltung mit der Selbstaussage: „Das kann ich, hierin bin ich sicher!"

Musikalisch einfach – musikalisch schwierig

Eine beabsichtigte Außenwirkung wird häufig durch den Spielenden an einen musikalischen Schwierigkeitsgrad gebunden. Was musikalisch einfach zu sein scheint, wie beispielsweise das Trommeln eines einfachen Rhythmus, besteht vor dem Eigenanspruch des Spielers weniger als komplexere musikalische Darstellungen. Eine Folge davon kann sein, dass es gar nicht zu einem Gestaltungsversuch kommt. Der Reflexionsaspekt soll diese reduzierte Sichtweise des musikalischen Anspruchsdenkens kritisch hinterfragen und belegen, dass musikalisches Verhalten bei jedem technischen Schwierigkeitsgrad unter Berücksichtigung der folgenden gestaltenden Eigenschaften möglich ist:

◆ Die Spieler sollen eine Regelmäßigkeit bei der Impulssetzung anstreben und Temposchwankungen vermeiden.

- Im Zusammenspiel mit anderen Teilnehmern soll ein gemeinsamer Einsatz und Schluss angestrebt werden.

- Der Instrumentalklang soll kontinuierlich sein, und die Anschlagsorte während des Spieles nicht gewechselt werden.

- Das Gruppenspiel wird in einer einheitlichen Lautstärke gehalten, der sich jeder Spieler anschließt.

Die Intensität des gemeinsamen Ausdrucks wird als musikalische Spannung bezeichnet. Die Spannung besteht schon, bevor der erste Ton oder Anschlag ausgeführt wird. Sie besteht in der gemeinsamen Konzentration auf die angeführten musikalischen Merkmale und lässt jede noch so „einfache" Spielweise als faszinierend erscheinen. Wichtige ergänzende Rahmenbedingungen bestehen in der Vermeidung von Störungen und in der Schaffung einer ansprechenden Raumatmosphäre.

Aufgaben

1. Betrachten Sie Ihre Gestaltungen unter den aufgezählten musikbezogenen Aspekten. An welchen Stellen gibt es Entwicklungsmöglichkeiten? Prüfen Sie auch die Rückmeldungen von Zuhörern hinsichtlich musikalischer Darstellungen.
2. Welche Aspekte sind mit Menschen mit Behinderung umsetzbar? Beschreiben Sie konkrete Beispiele.

Musikalische Zeiterfahrung: Was ist lang? Was ist kurz?

Ein verstrichener Zeitraum kann von Menschen als unterschiedlich lang empfunden werden. Die Fähigkeit, sich gedanklich intensiv mit einer Sache auseinanderzusetzen, vermittelt die Erfahrung, dass die „Zeit im Flug" vergeht. Im Rahmen einer musikalischen Gestaltung wird die verstrichene Zeit von den Teilnehmern als kurz empfunden, wenn es ihnen gelingt, die musikalischen Handlungen mit zugestalten und nach zuempfinden. Hierzu zählt die Einstellung auf die musikalischen Parameter, das Entsprechen der instrumentalen und gestaltenden Anforderungen und das geistige Eintauchen in angebotene Bilder und Bewusstseinszustände. Ein Reflexionsgespräch klärt, inwiefern die angebotenen Materialien mit den individuellen Fähigkeiten der Teilnehmer, sich auf musikalische Situationen einzustellen, abgestimmt sind. Die Fähigkeit zur Einstellung auf bestimmte Situationen kann bei den Teilnehmern unterschiedlich sein und orientiert sich an der Konzentrationsfähigkeit und der Aufnahmefähigkeit neuer Anregungen. Dabei gilt, dass das musikalisch Neue eher als kurzweilig angenommen wird und das Hineinversetzen in wiederholte musikalische Abläufe an einen Übeprozess gebunden ist. Das gleiche musikalische Erlebnis kann in der wahrgenommenen Zeit von den Teilnehmern als unterschiedlich empfunden werden.

Aufgaben

1. Was empfinden Sie als kurzweilig, was als langweilig? Beschreiben Sie Ihr Zeitempfinden im Zusammenhang bestimmter Tätigkeiten.
2. Wie ändert sich Ihr Zeitempfinden, wenn Sie Musik hören oder Musik machen? Betrachten Sie auch Ihre Erfahrungen aus dem Musikunterricht.
3. Im Bereich der Entspannungsmusik hat man es mit Musikstücken von ausgedehnter Länge zu tun (20 Minuten und länger). Wie gelingt es den Zuhörern, sich auf diese Zeiträume einzulassen und was sind die Folgen dieser Auseinandersetzung?
4. Auf welche zeitlich ausgedehnte Musik, selbst musiziert oder vom Tonträger, können Sie sich einlassen?

Redeanlässe: Schweigen – Reden

Musikalisches Handeln oder Zuhören zur Musik kann im Anschluss einen Redeanlass bieten. Einer Musik zuzuhören ist für einen bestimmten Zeitraum an einen einseitig ausgerichteten Kommunikationsprozess gebunden, dem ein in der Gruppe gleichberechtigter Zuhörer durchaus mit Worten begegnen kann. Dabei können z. B. die während des Zuhörens assoziierten Bilder und Emotionen beschrieben werden. Musik kann erlebte Situationen vor dem geistigen Auge wieder präsent machen, und die Mitteilung solcher Erlebnisse kann dem Wohlbefinden des Zuhörers förderlich sein. Auch auf der Seite des Musizierenden, der für einige Zeit an die musikalischen Regeln seines Vortrages gebunden war und somit nicht alles „sagen" konnte, sollte sich eine Gelegenheit zur mündlichen Stellungnahme bieten. Schweigen kann auch als Form der Mitteilung über ein musikalisches Erlebnis aufgefasst werden. Insbesondere nach dem Schluss einer Musik gehört die eintretende Stille noch zum Hörerlebnis. Gedanken und Erinnerungen der Zuhörer innerlich zu sammeln dauert einige Zeit, in der ebenfalls geschwiegen wird. Nicht alle Assoziationen wollen mitgeteilt werden – auch hier ist das Schweigen nicht als Missbilligung eines musikalischen Erlebnisses zu verstehen.

Aufgaben

1. Welche Erinnerungen werden bei Ihnen beim Hören einer bestimmten Musik wach? Tauschen Sie sich über die Erinnerungskraft der Musik aus.
2. Suchen Sie nach Fragestellungen, die im Anschluss an eine Musik einen Redeanlass bieten können.

Handlungsmöglichkeiten zur Musik

Die Ausführung zur Musik passender Tätigkeiten vermitteln den handelnden Personen das Gefühl der Teilhabe am künstlerischen Schaffensprozess. Handlungen intensivieren das Erleben und das Verstehen der Musik. Die damit verbundene Auseinandersetzung lässt einen musikalischen Eindruck anhaltend nachwirken. Sie gibt den Eindruck, den die Musik beim Ausführenden hinterlässt, unmittelbarer als mit Worten wieder. Ist der Handelnde der Musiker selbst, ist die Verzahnung von Musik und Handlung am engsten. Dort, wo fehlende Förderung oder Einschränkungen an der Ausführung von vorgesehenen körperlichen Bewegungen hindern, bestehen alternative Handlungsmöglichkeiten zur Musik. Sie gehen von dem geistigen und körperlichen Potential des Menschen mit Behinderung aus und bestehen in Körperbewegungen zur Musik, in der Nutzung ausgewählter oder präparierter Instrumente, in der Gestaltung bestimmter Notationen oder der Vorstellung von inneren und erlebten Bildern. Gegenstand des Reflexionsaspektes ist die Frage, welche Handlungsmöglichkeiten zur Musik in Bezug auf ein bestimmtes Klientel ausgewählt wurden und wie die Gestaltung zur Musik passt. Angeführte Argumentationen beziehen sich auf das musikalische Erleben und auf das Verhalten des ausführenden Menschen. Der letzte Punkt bezieht ebenfalls Aussagen zum Rollenverhalten bei der Gestaltung in einer Gruppe oder als Einzelperson vor der Gruppe mit ein.

Aufgaben

1. Belegen Sie an ausgewählten musikalischen Situationen, wie die jeweilige Handlung zur Musik ihr Erleben und Verstehen fördern kann.
2. Vor dem inneren Auge zur Musik Bilder sehen – Handelt es sich hierbei um eine Handlungsform zur Musik? Finden Sie Argumente.

Entwicklungswege

Musikalische Entwicklungen sind vor den zugrundeliegenden Voraussetzungen jedes Schülers zu sehen. Das Verständnis von musikalischer Entwicklung kann sich auf die Musik darstellende und die Musik verstehende Formen beziehen. Unter der Entwicklung darstellender Formen sind die Entwicklungen stimmlicher, instrumentaler oder körperlich gestaltender Lernerfolge zu verstehen. Diese sind hörbar oder sichtbar und damit als musikalischer Entwicklungsweg belegbar. Dennoch geben sie noch kein umfassendes musikalisches Verständnis wieder. Gegenstand einer weiteren Reflexion ist der Austausch von Beobachtungen möglicher Anregungen durch Musik auf die zuhörenden Menschen mit Behinderung. Mit einer Sicht auf das eigene Verhalten reflektiert der Heilerziehungspfleger z. B. die Form seiner Ansprache vor der Gruppe und die Frage, inwiefern er musikalisches Verhalten vorgelebt hat. Dazu zählt das Annehmen musikalischer Rollen und die Fähigkeit sich auf musikbezogene Dinge einzulassen. In musikalischen Dingen Empathie zu entwickeln, bedeutet sich auf den Menschen mit Behinderung einzulassen und nachzuvollziehen wie er eine musikalische Gestaltung erlebt.

Aufgabe

1. Welche musikalischen und beobachtenden Fähigkeiten konnten Sie bereits entwickeln?
2. Prüfen Sie nach einem angemessen Zeitraum Ihrer Ausbildung, inwieweit Sie Kompetenzen erworben haben.

Zur inhaltlichen Gestaltung eines Reflexionsgespräches, im Anschluss an eine musikalische Aktivität, wählen die Teilnehmer zunächst die dem Gegenstand angemessenen Kriterien, über die sie sich austauschen wollen. Ein solcher Leitfaden eines Gesprächsverlaufes stellt die Ausgewogenheit der Beiträge sicher. Erfahrungen und Reflexionen können von beratenden und Beratung erhaltenden Teilnehmern gleichberechtigt mitgeteilt werden.

2 Der Rhythmus

◆ Die Bedeutung des Wortes „Rhythmus" ist nicht nur musikalisch besetzt. In welchen Zusammenhängen begegnet Ihnen der Begriff Rhythmus?

◆ Stellen Sie Ihnen bekannte Musikrichtungen dar, die einen markanten Rhythmus haben. Was gefällt Ihnen an diesen Musikrichtungen?

◆ Ein rascher Rhythmus wird oft unmittelbar umgesetzt in körperliche Aktivitäten. Beschreiben Sie Ihre eigenen Erfahrungen und stellen Sie Beobachtungen von Menschen dar, die auf den Rhythmus einer Musik sichtbar reagieren.

◆ Welche sichtbaren Reaktion auf den Rhythmus lassen sich bei kleinen Kindern und bei Menschen mit Behinderungen beobachten? Finden Sie Gründe für die Reaktionen.

◆ Die oben abgebildeten Igelbälle üben bei einer Rollbewegung über der Haut groß und kleinflächige rhythmische Impulse aus. Wie werden diese Impulse empfunden?

2.1   Theoretische Grundannahmen

2.1.1   Lebensrhythmen – musikalische Rhythmen

Rhythmen sind allgegenwärtig in musikalischen und außermusikalischen Zusammenhängen. Sie sind Lebensbestandteil in Form biologischer Prozesse, die am eigenen Körper und in der Umwelt erfahrbar sind. Je nach der Länge der Zeiträume, in denen sich Ereignisse rhythmisch wiederholen, spricht man von Mikrozyklen (Puls, Atmung u. a.) und Makrozyklen (Schlaf – Wachphasen, Nahrungsaufnahme u. a.). Um musikalische Rhythmen zu erfassen, müssen sich diese in kurzen zyklischen Phasen darstellen: Die rhythmische Unterteilung empfinden wir als Beat oder Groove, als Puls oder eben als Rhythmus einer Musik. Der Ausdruck des Missfallens von Musik wird oft begründet: „Da war doch kein Rhythmus drin ...". Die Aussage kann bedeuten, dass der Zuhörer einen Rhythmus in Form regelmäßig wiederkehrender Impulse nicht wahrgenommen hat und ein Stück Regelmäßigkeit in der Musik vermisst. Biologische und musikalische Rhythmen haben eine Verlässlichkeit gemeinsam, die wir als beruhigend empfinden. Ohne diese Strukturierungshilfen wäre die Welt für unsere Wahrnehmung nicht erfassbar, sie wäre chaotisch.

Aufgaben

1. Rhythmen ordnen und strukturieren die Musik, sie gefällt uns dadurch. Hören Sie ein Musikbeispiel Ihrer Wahl und beschreiben Sie die rhythmische Ordnung, die Sie wahrnehmen. Welche Instrumente stellen diese Ordnung her? Welche musikalische Wirkung ergibt sich?
2. Finden Sie weitere Beispiele von Lebensrhythmen. Welche lebensnotwendigen Funktionen haben diese Rhythmen?
3. Gehen Sie im Fach Biologie/Gesundheitslehre der Frage nach, bei welchen Formen körperlicher und geistiger Behinderung Lebensrhythmen gestört sind. Welche Auswirkungen haben diese Störungen auf den Menschen mit Behinderung?

In einem Musikstück fällt uns der Rhythmus auf Anhieb auf, wenn er gut hörbar durch bestimmte Instrumente dargestellt ist und wenn er eine gewisse Intensität hat, die wir als *raschen Rhythmus* bezeichnen auch wenn der Rhythmus nicht an allen Stellen gleichermaßen schnell ist. In der Biologie bezeichnet der Rhythmus die *regelmäßige* Wiederkehr von Ereignissen oder Impulsen. In der Musik stellt Rhythmus eine *unterschiedliche* Ansammlung von Impulsen dar, die alle orientiert sind an einem sich regelmäßig wiederholenden Impuls – dem Gleichschlag oder dem Metrum. Alle Anschläge, die die Regelmäßigkeit des Metrums abwandeln und erweitern, werden als musikalischer Rhythmus bezeichnet. Musikalisch bezeichnet Rhythmus Vielfalt und Abwechslung des zugrunde liegenden Gleichschlages, naturbezogen ist er als die regelmäßige Wiederkehr biologischer Ereignisse zu verstehen.

Aufgabe

Erläutern Sie das Zitat des Musikers und Therapeuten Fritz Hegi: „Alles, was lebt, bewegt sich und was sich bewegt, bildet einen bestimmten Rhythmus. Leben ist eine Wiederholung gleicher Bewegungen in neuen Zeit-Räumen. *Rhythmus ist Leben*."
(Hegi, Improvisation und Musiktherapie, 1993, S. 32)

Übung: Die Ableitung eines Rhythmus von Körperfunktionen

Machen Sie sich einige Ihrer körpereigenen Rhythmen bewusst und stellen Sie diese durch Bewegungen dar. Sie sitzen im Schneidersitz verteilt auf dem Boden. Entspannen Sie sich und horchen Sie in sich hinein. Fühlen Sie Ihren Puls am Hals. Sobald Sie ihn regelmäßig zwischen Daumen und Zeigerfinger einer Hand spüren, versuchen Sie ihn in eine leichte Kopfnickbewegung umzusetzen. In der selben Sitzhaltung beobachten Sie anschließend Ihre Ein- und Ausatmung: Versuchen Sie sie nicht zu beeinflussen, sondern begleiten Sie Ihre Ausatmung durch eine leichte Rumpfbewegung nach vorne und richten Sie sich beim Einatmen wieder auf. Dem Betrachter der Gruppe stellen sich bewegende Oberkörper bzw. Köpfe dar, deren Regelmäßigkeit auf den individuellen Körperrhythmen basiert.

Aus den einzelnen, individuellen Bewegungen des Kopfes entsteht nun ein akustischer Impuls, der von den Gruppenmitgliedern gemeinsam gestaltet wird. Sie haben alle Trommeln gleicher Bauart vor sich stehen. Ein Teilnehmer setzt leise seinen Puls mit der flachen Hand schlagend um, die anderen nehmen ihn hörend auf und schlagen im gleichen Tempo dazu. Es sollte ein homogener Pulsschlag der Gruppe hörbar sein, erst dann entsteht die musikalische Wirkung eines Ganzen. Wechseln Sie sich ab in den musikalischen Rollen: in der Funktion des Vorschlagenden und in der Funktion der Zuhörenden und Nachschlagenden. Ein Teilnehmer wird anschließend die gleichmäßig lauten Anschläge unterteilen, indem er einen von drei oder vier Schlägen betont. Vorsicht: Hier ist die Gefahr eines Anzugs des Tempos durch die Gruppe besonders groß! Führen Sie Ihre Anschläge weiterhin konzentriert aus und verleihen Sie an der betonten Stelle Ihrem Schlag einen zusätzlichen Nachdruck.

Nehmen Sie als Grundschlag weiterhin die Pulsfrequenz eines Teilnehmers und variieren Sie diese auf ein Handzeichen: Verdoppeln Sie bis zu zweimal aufeinander folgend die Anschläge und halbieren Sie die Anschläge bis zu zweimal von der vorgegeben Pulsfrequenz ausgehend. Der dabei entstehende schnelle und langsame Rhythmus muss von der Gruppe noch umgesetzt werden können ohne auseinanderzufallen.

Sie haben an dieser Stelle Trommelschläge in fünf verschiedenen Geschwindigkeiten gespielt. Kombinieren Sie die verschiedenen Tempi beliebig und schaffen Sie einen Rhythmus, den ein Teilnehmer vorgibt und den die Gruppe nachspielt.

Halbierung des Tempos	*			
Halbierung des Tempos	*		*	
Pulsschläge	*	*	*	*
Verdopplung des Tempos	*	*	*	*	*	*	*	*
Verdopplung des Tempos	* * * * * * * * * * * * * * * *			

2.1.2 Rhythmen notieren

Der musikalische Zeichenvorrat sieht für die eben gespielten Tempi von Impulsen fünf Zeichen vor.
Das mittlere Tempo des Pulsschlages (Viertel Noten) wurde verdoppelt bzw. halbiert.

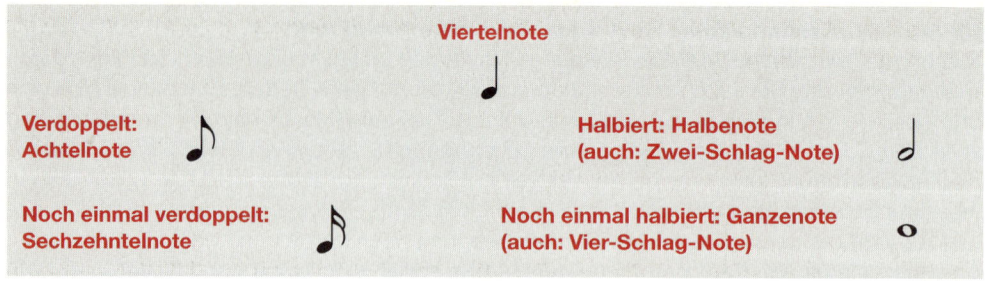

In der musikalischen Arbeit in der Behindertenhilfe prüft der Heilerziehungspfleger, ob es sinnvoll ist, mit den Symbolen der verschiedenen Notenwerte umzugehen. Menschen mit geistiger Behinderung sind nur bedingt in der Lage, einer kognitiven Strukturierung (z. B. Zählzeiten und Taktziffern der Zeit) durch eine metrische Unterteilung zu folgen, dennoch erleben sie Rhythmen sowohl hörend als auch gestaltend am Instrument oder anderen Medien. In ihrer Wahrnehmung stellt sich ein musikalischer Rhythmus als ein Fluß von unterschiedlich gewichteten Impulsen dar, der durch den Klang eines Instrumentes oder mit Hilfe eines Tonträgers reproduziert, hörbar gemacht wird. Der Einzelimpuls muss nicht anhand einer Zählzeit erfasst sein, um ihn als Bestandteil eines Ganzen zu empfinden. Die Lust, einen Rhythmus in der Zeit fließen zu spüren, erleben Menschen mit und ohne Behinderung gleichermaßen. Die Darstellung einer Fließbewegung muss nicht in Verbindung mit Zählzeiten gebracht werden, sondern Zeit und Räume können in innerer oder äußerer Gestaltung formend nachvollzogen werden und zu einem stabilisierenden Einfluss beim Menschen mit Behinderung führen.

2.1.3   Rhythmen funktionalisieren: Beruhigung, Anregung, Ordnung

Musikalische Rhythmen können Körperfunktionen beeinflussen: Der rasche Beat von Technomusik regt Herzfrequenz, Atmung, Hautwiderstand und Transpirationsprozesse an. Im Gegenzug kann ein am Ruhepuls orientierter Rhythmus für eine Beruhigung sorgen. Bei der Verarbeitung geistiger Prozesse können Rhythmen einen positiven, anregenden Einfluss ausüben. So erleichtert das rhythmische Gehen das Auswendiglernen eines Gedichtes und Telefonnummern werden in rhythmischen Dreier- oder anderen Gruppierungen einfacher behalten. Die methodische Umsetzung rhythmischer Merkmale zur Beruhigung, zur Anregung und zur Ordnung findet sich im Kapitel 2.3 unter den drei verschiedenen Funktionen wieder.

Aufgabe

Bei welchen Musikrichtungen oder welchem Musikstück werden Sie vom Rhythmus „angeregt"? Welche körperlichen Symptome können Sie bei sich beobachten?

2.2   Praktische Umsetzung – Übungen zur Selbsterfahrung

Die folgenden Übungen teilen sich in zwei Gruppen: Es sind Übungen dargestellt, die sich auf die hörende Erfassung und Produktion von Rhythmen beziehen, und es wird anschließend mit notierten Tonlängen gearbeitet. Auch das Spiel notierter Tonlängen setzt ein aufmerksames Zuhören voraus.

2.2.1 Zuhören und nachspielen

Rhythmuspyramide
Sie stehen mit Ihrer Gruppe in gleichberechtigter Kreisform. Halten Sie die Hände frei und beginnen Sie mit den Versen in einem einheitlichen Tempo auf der Stellen zu treten. Die Gleichförmigkeit der Versenschläge unterteilen Sie in Vierer-Einheiten, indem der erste von vier Schlägen betont wird. Dazu klatschen die Hände zunächst eine ganze Note, zur nächsten Vierer-Einheit zwei Halbenoten, dann vier Viertelnoten bis hin zu acht Achtelnoten auf vier Versenschläge. Im Sinne einer Pyramide wird das Klatschtempo stufenförmig schneller bis zum Gipfel und es verlangsamt sich anschließend wieder hin zur ganzen Note.

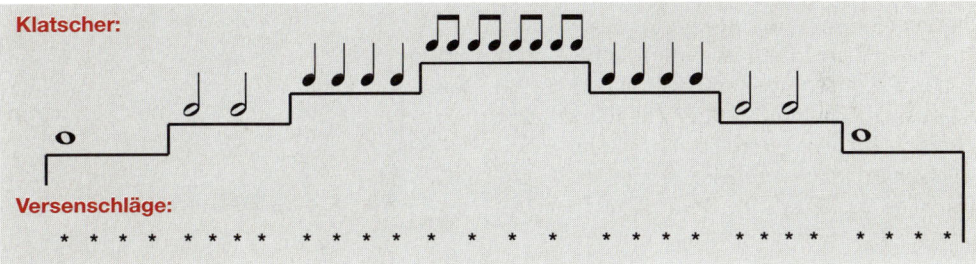

Kreisende Rhythmen
In gleicher Aufstellung der Teilnehmer wandert im Tempo der Versenschläge ein geklatschter Schlag von einem Teilnehmer zum nächsten. Prüfen Sie mit geschlossenen Augen das gleichförmige Tempo der Schläge. Tempoänderungen sind nach einigen erfolgreichen Runden möglich.

Varianten:
♦ Ein geklatschter Doppelschlag in Form zweier Achtelnoten bedeutet eine Richtungsänderung.

♦ Der Rhythmusvorschlag eines Teilnehmers wird durch die Runde geklatscht. Das kann von einem Teilnehmer zum nächsten sein oder von der ganzen Gruppe gleichzeitig beantwortet werden.

Afrikanische Schrittfolge
Die Vierereinteilung wird verknüpft mit einer Schrittfolge, die die natürlichen Betonungen des Vierertaktes aufgreift: Eine schwere Betonung auf der Zählzeit eins und eine etwas leichtere Betonung auf der Zählzeit drei. Der rechte Fuß bewegt sich einen Schritt nach vorn und löst mit dem Körpergewicht die erste *schwere* Zählzeit aus. Der Körper fällt zurück auf den linken Fuß (Zählzeit zwei, leicht), der rechte Fuß macht einen Schritt nach hinten (Zählzeit drei, schwerer). Anschließend fällt das Körpergewicht zurück auf den linken Fuß (Zählzeit 4, leicht). Der linke Fuß löst sich auf der Stelle immer um wenige Zentimeter vom Boden, der rechte bewegt sich um einen Schritt vor bzw. zurück.

Rechter Fuß auf 1 nach vorne

Linker Fuß tritt immer
auf der Stelle

auf 3 nach hinten

Nach einer Übephase kann zur Schrittfolge geklatscht werden: Ein Teilnehmer klascht einen Rhythmus seiner Wahl vor und die Gruppe klatscht ihn nach. Eine weitere Möglichkeit ist das Klatschen von Beats und Offbeats. Das sind Anschläge, die mit dem Fußtritt zusammenfallen oder genau zwischen zwei Tritte angeschlagen werden. Natürlich kann auch dazu gesungen werden:

T.: Gerhard Gundermann; M.: traditional

Refrain

he ya he ya he ya he ya   he ya he ya he ya he ya   he

he ya he ya he ya he ya   he ya he ya he ya he ya   he

Rhythmen mit Körperinstrumenten – Bodypercussion

Überall dort, wo Sie Körperbereiche mit Luft füllen und damit als Resonanzraum nutzen können, kann durch Anschlagen ein Klang entstehen. Beispiele: Die Fingerspitzen schlagen die Wangen an, die Faust schlägt auf die Brust, der Zeigefinger ploppt an den Lippen, beide Hände bilden ein Vakuum, in das plötzlich Luft eindringt u.v.m. Weitere Klangquellen können, z.B auch schnipsende Finger sein.

Nachdem Sie eine Reihe von Klangorten am Körper ausgemacht haben, entwerfen Sie ein Stück für Bodypercussion, bei dem jeder Teilnehmer der Kleingruppe einen Rhythmus auf einem Körperteil findet. Bauen Sie das Stück schrittweise auf, indem ein Klangort zu einem weiteren in einem unterschiedlichen Rhythmus gespielt wird und schließen Sie das Stück gemeinsam ab.

2.2.2 Von der hörenden zur sehenden Erfassung und Darstellung von Rhythmen

Klassenkomposition eines Percussionstückes

Sie verfügen über ein Percussionsinstrumentarium, was von schulischen Instrumenten bis hin zu Selbstbauinstrumenten reichen kann. Ferner hat jeder Teilnehmer die eingeführten Notenwerte auf verschiedenen Karteikarten stehen. Es sollten jeweils eine Ganze-, eine Halbe- und eine Viertelnote auf einer Karte notiert sein, Achtel- und Sechzehntelnoten treten in Gruppierungen auf (Zweier- und Vierer-Gruppen). Die Karten werden in einem ersten Schritt in zwei übereinander stehenden Reihen an eine glatte Wand oder eine Tafel mit Klebestreifen nach Belieben der Teilnehmer befestigt. Nach einigen Noten werden senkrechte Streifen aufgeklebt: Zur Orientierung der Spieler ordnen Sie das Metrum zu Dreier- oder Vierergruppen und haben die Funktion von Taktstrichen. Teilen Sie nach der Kompositionsphase ihre Klasse in zwei Gruppen und spielen Sie zunächst jede Zeile für sich in einer Gruppe und anschließend gleichzeitig mit beiden Gruppen ab.

Aufgaben

1. Erstellen Sie mehrere Kompositionen und spielen Sie diese in Ihrer Gruppe. Wenn möglich, fertigen Sie eine Aufnahme an.
2. Bewerten Sie die Fassungen der Klassenkompositionen. Versuchen Sie unterschiedliche Ansichten zu begründen. Gehen Sie dabei auch auf die formalen Anlagen der Rhythmusstücke ein: Wo gibt es Wiederholungen einzelner Notenwerte, wo Wiederholungen von Gruppen gleicher Notenwerte? An welchen Stellen ist keine Regelmäßigkeit erkennbar?

Rhythmen würfeln

Würfeln Sie in der Reihenfolge der im Folgenden dargestellten Schritte in Kleingruppen einen Rhythmus und spielen Sie ihn der Klasse vor.

1. Wurf: Die Anzahl der Augen legt fest, welcher der angeführten Taktarten ($\frac{3}{4}$- oder $\frac{4}{4}$-Takt) gespielt wird.
2. Wurf: Sie würfeln, welcher der sechs verschiedenen Takte zu notieren und zu spielen ist.
3. Wurf: Damit wird die Anzahl der Wiederholungen des Taktes festgelegt, der im zweiten Wurf bestimmt wurde. Es sind bis zu sechs Wiederholungen möglich.

Notieren Sie dabei die gewürfelten Rhythmen mit den Wiederholungen und spielen Sie gemeinsam das Ergebnis auf Schlaginstrumenten.

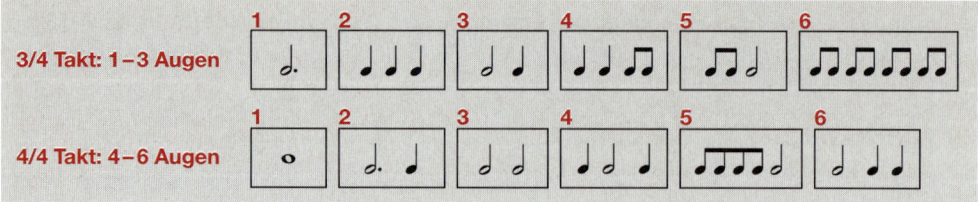

Percussionsrondo

Versuchen Sie die unten angeführten Rhythmen zunächst mit der ganzen Klasse mit Körperinstrumenten zu spielen. Zur besseren Einsicht aller Mitspieler ist es sinnvoll, die Noten auf eine Overhead-Folie zu kopieren, denn die Teilnehmer werden ihre Standorte im Spiel wechseln. Anschließend verteilen Sie sich in vier gleich große Gruppen in die Ecken des Raumes. Den Gruppen werden die Ziffern eins bis vier zugeordnet. Innerhalb der Gruppen zwei bis vier ordnen sich die Teilnehmer noch einmal beiden Notensystemen zu. Anschließend wählen Sie in Ihrer Gruppe Instrumente aus. Dabei gilt die Regel: Lange Notenwerte werden von tief klingenden Percussionsinstrumenten dargestellt, schnellere Notenwerte von hoch klingenden Instrumenten. Instrumente mit einem sehr hohen, durchdringenden Klang sollten allerdings eher in langsamen Notenwerten gespielt werden (zum Beispiel eine Triangel). Sie proben zunächst in ihren Gruppen, anschließend wird das Spiel der vier Gruppen zusammengesetzt. Spielen Sie solange, bis alle Teilnehmer ihren Rhythmus beherrschen. Danach beginnen Sie eine neue Probephase, indem die Teilnehmer einer Gruppe zu den Instrumenten der Nachbargruppe wechseln und den dortigen Rhythmus üben. Nachdem dreimal zur jeweiligen Nachbargruppe routiert und der dortige Rhythmus geprobt wurde, ist jede Gruppe wieder bei ihrem Ausgangsrhythmus angelangt.

Nach der Erarbeitungsphase des musikalischen Materials findet die Gruppenrotation in musikalischen Zeiträumen statt: Jede Gruppe spielt in der Ausgangsstimme vier Takte und hält einen ebenso langen Zeitraum als Pause bis zum nächsten Einsatz ein. Die Zeit nutzen Sie, um zur nächsten Station mit dem neuen Rhythmus zu wechseln. Während die Mitspieler mit dem Gruppenwechsel und der Einstellung auf den neuen Rhythmus beschäftigt sind, kann ein einzelner Teilnehmer diese Pause musikalisch füllen. Nach vier mal acht Takten ist jede Gruppe wieder in der Ausgangsposition und das Spiel kann wiederholt werden.

Rhythmen des Percussion-Rondos

2.3 Praktische Umsetzung – Anwendungsbeispiele

Die Beispiele der musikalischen Handlungen dieses Kapitels sind insbesondere als mögliche Praktikumsaufgaben zur gemeinsamen Gestaltung mit Menschen mit Behinderung zu verstehen. Erproben Sie die vorgestellten Musizierbeispiele zunächst im Klassenverband. Sie werden erfahren, dass die musikalische Umsetzung dieser Übungen gut gelingt. Dabei beinhaltet eine derartige Aussage bereits eine Wertschätzung, die der genaueren Betrachtung bedarf. Um die Übungen aus der Sichtweise der Selbsterfahrung und anwendungsbezogen zu betrachten, werten Sie anschließend Ihr Handeln gemäß der in Kapitel 2.4 dargestellten Erfahrungs- und Reflexionskategorien aus.

2.3.1 Trommeln mit Menschen mit Behinderung

Rhythmische Gestaltungsvorschläge auf Trommeln sind hier im Vorfeld der Kapitel Beruhigung, Anregung und Ordnung durch Musik dargestellt, weil sie je nach Spielweise diese Ziele gleichermaßen umsetzen können. Das Spiel auf Trommeln ermöglicht in handwerklicher Sicht und im Erleben musikalischer Vorstellungen grundlegende Erfahrungen mit einem Instrument. Der Kontakt der Handflächen zum Trommelfell, von Haut zu Haut also, löst in taktiler Sicht unmittelbar Reize aus. Gleichzeitig entsteht durch Reiben des Felles bereits ein Geräusch. Weitere Formen der Kontaktaufnahme zum Instrument können das Kratzen, Klopfen oder Schlagen sein. Die Stärke des Anschlages, die Anspannung der Hand oder ihre Formung durch Behinderung beeinflussen den Trommelklang. Die Verwendung von Schlägeln schafft eine Distanz zur Trommel. Manchen Menschen ist dieser Abstand auch angenehmer. In motorischer Hinsicht ist die Handhabung von Schlägeln anspruchsvoller und ist nicht für jede Art von Trommel geeignet. Sie erlauben die Entfaltung einer größeren Kraft, die sich in einer höheren Lautstärke des Instrumentes niederschlagen kann. Manchen Menschen bedeutet die Entfaltung einer größeren Dynamik eine seelische Befreiung.

Die Phasen der Annäherung an die Trommel bedarf der Begleitung und Anregung durch den Heilerziehungspfleger:

◆ **Erstbegegnung** Die herangeführte Hand des Menschen mit Behinderung an die Trommel löst bei ihm spontan Interesse aus und führt zur Annahme und Fortsetzung des vorgeschlagenen Bewegungsimpulses.

◆ **Musikalischer Dialog** Eine Antwort des Heilerziehungspflegers auf einer zweiten Trommel durch Imitation und daran angelehnte Abwandlung der gehörten Impulse vermitteln dem Menschen mit Behinderung eine Reaktion auf sein Tun. Er führt seine Handlung mit der Absicht der zielgerichteten Kommunikation fort, bei der die Trommel zum Medium wird. Imitiert werden können das Tempo und die Anzahl der rhythmischen Impulse, die Lautstärke und der Trommelklang durch die Unterscheidung der Anschlagsstellen.

◆ **Verbale Anregungen** Die Aufforderung zum Weiterspielen oder die Anregung einer bestimmten Spielweise kann durch Worte oder Lautmalerei gegeben werden. Es besteht die Möglichkeit der klanglichen Ausgestaltung von Naturereignissen, deren nachzuahmender Klang durch Sprache vermittelt werden. (Gewitter, Regen o. Ä.)

Aufgaben

1. Probieren Sie verschiedene Anschlagsorte der Trommel: Fellmitte, Fellrand oder Trommelkessel. Wechseln Sie dabei auch die Anschlagsformen: Schlagen, reiben oder klopfen Sie an der Trommel.
2. Die Probierphase wird zu einem Spiel abgewandelt: Ein Teilnehmer stellt einen Trommelklang vor, den die Gruppe nachahmt. Dabei kann der Sichtkontakt zum Vorspieler auch unterbrochen werden, sodass die Gruppe hörend die Anschlagsart herausfindet.
3. Erproben Sie die dynamische Bandbreite der Instrumente: Spielen Sie in der Gruppe leise Anschläge, die sich zu einer homogenen Klangfläche formen. Auf ein Handzeichen hin schwillt die Lautstärke gemeinsam an und wieder ab.

Wie lange eine Gruppe einen bestimmten Rhythmus trommelt, hängt von verschiedenen Aspekten ab. Im Zusammenhang ritualisierter Tänze kann in afrikanischen Stämmen über den Zeitraum einiger Stunden getrommmelt und gefeiert werden. Musiker und Tänzer geraten dabei in ekstatische Zustände. Die Zeiterfahrung von weniger geübten Trommelspielern wird geprägt von äußeren und inneren Einflüssen. Anfänger können nach wenigen Minuten des Spielens schmerzende Handflächen und eine ungewohnte Sitzposition bemerken. Diese negativen Einflüsse auf das musikalische Erleben können zu dem Wunsch führen, dass man doch jetzt die Trommelrunde beenden könne. Als Heilerziehungspfleger sind derartige Äußerungen nicht als Entmutigung aufzufassen. Zum gemeinsamen Spiel in der Gruppe zu finden bedeutet, dass er sein Spiel und das Spiel der anderen Teilnehmer gleichermaßen beachtet.

Übungen im Gleichschlag und ihre prozesshafte Abwandlung

Sie sitzen mit der von Ihnen angeleiteten Gruppe in einem Kreis, jeder Teilnehmer hat ein gleichwertiges Schlaginstrument vor sich. Im Sinne der Spielidee sind Bongo-Trommeln gut geeignet. Prüfen Sie nach einer Ausprobierphase der Teilnehmer zunächst die Qualität des Trommelschlages, indem die Teilnehmer der Reihe nach einen Schlag in der Runde kreisen lassen. Stellen Sie anschließend den Mitspielern das Bild vom schwerfälligen Tier, einem Elefant o. Ä. vor, der lautstark daher schreitet. Aufgrund seines Körpergewichtes geht er langsam und sehr regelmäßig. Danach verändern die Bewegungen sich: Der Elefant geht schneller, wird langsamer, ändert seinen Laufrichtung – ein komplexer Vorgang, wenn man ihn durch mehrere Mitspieler darstellt. Die Aufteilung eines „Bremsvorganges" oder die rhythmische Beschleunigung auf mehrere Instrumente, erfordert ein genaues aufeinander Hören und die gemeinsame Vorstellung der behutsamen Tempoänderung.

Aufgabe

Beobachten Sie die Regelmäßigkeit der Anschläge im Gleichschritt und bei Tempoänderungen. Wo gibt es Abweichungen und worauf sind diese zurück zu führen?

Rhythmen zum Musikbeispiel gestalten

Die Übungsidee ist zurückzuführen auf die Beobachtung von Menschen, die einer rhythmisch einprägsamen Musik zuhören, die ihnen gefällt. Ein Körperteil wird immer zur Musik mitschwingen und sei es die wippende Fußspitze. Die Teilnehmer setzen den ihnen hörbaren Rhythmus einer Musik auf einer Bongo-Trommel zum Tonträger um – aus mehreren musikalischen Vorstellungen wird die Gruppe rasch einen einheitlichen Rhythmus formen. Am Beispiel der Gavotte aus der Orchestersuite Nr. 3 von Bach bieten sich folgende, weitere Gestaltungsschritte an: Sie schlagen den eingängigen Anfangsrhythmus mit und die Gruppe gestaltet die dynamischen Unterschiede. Ein weiterer Schritt ist das Spiel des Rhythmus, ohne das dazu laufende Musikstück. Die charakteristischen Trommelschläge ermöglichen eine innere Vorstellung der Musik. Die Spieler selbst werden zu Gestaltern des Stückes und erfahren damit eine künstlerische Bestätigung.

Musikbeispiele, mit denen diese Übung durchgeführt wird, müssen einige Anforderungen erfüllen: Sie gefallen den Teilnehmern, sie sind rhythmisch nachvollziehbar und in ihrer formalen Anlage übersichtlich. Spielmöglichkeiten bestehen in der Darstellung dynamischer Unterschiede, Ausfüllung von Pausen im Musikstück, Aufteilung unterschiedlicher Rhythmen durch Nachgestaltung an verschiedenen Rhythmusinstrumenten u. v. m.

Aufgaben

1. Stellen Sie aus den Bereichen Pop- und Rockmusik und klassischer Musik weitere Beispiele zusammen, die Sie als geeignet erachten.
2. Prüfen Sie die Eignung, indem Sie auf Trommeln mitspielen. Welche weiteren Gestaltungsmöglichkeiten eröffnen sich?

2.3.2   Beruhigende Rhythmen

Den Höreindruck umsetzen – Transformierende Gestaltungen

Die beruhigende Wirkung von Musik ist einerseits bestimmt von langsamen Bewegungsimpulsen, andererseits aber auch vom musikalischen Gesamteindruck, der beim Hören bestimmte Assoziationen auslöst. Ein Musikbeispiel kann eine Erinnerung an ein Erlebnis unmittelbar reaktivieren oder eine erstmalige angenehme Hörerfahrung herstellen. Im Rahmen von heilpädagogischen Übungen gestaltet der Heilerziehungspfleger für den Menschen mit Behinderung ein Sprachrohr zur Mitteilung und Kompensation der Dinge, die ihn beim Hören der Musik bewegen. Hierzu geeignet sind der verbale Austausch über das Gehörte und die handelnde Gestaltung zur Musik. Beide Methoden halten zum Zuhören an und ermöglichen ein intensiveres Hörerlebnis. Insofern bietet das gemeinsame Hören auch einen Anlass zur Beziehungsaufnahme. Im Vorfeld der Übungen kann ein angenehmes Ambiente durch die Verdunkelung des Raumes und seine Gestaltung mit farbigem Licht u. v. m. geschaffen werden.

Aufgaben

1. Hören Sie jeweils eines der unten angeführten Musikbeispiele und beschreiben Sie Ihre Höreindrücke.
2. Vergleichen Sie im Anschluss Ihre Äußerungen mit den unten dargestellten Schüleräußerungen.
3. Versuchen Sie beim nochmaligen Hören die vorgeschlagene Handlung umzusetzen. Wie passen Musik und Bewegung zusammen?

Klang / Musikbeispiele	Spontanäußerungen	Handlungen
Meeresrauschen (Tonträger)	„angenehm, entspannend" „kalt, windig" „Wellen, Weite, Urlaub, Herbstluft"	Heranführen der Hand an ein Gefäß mit Sand, spielerischer taktiler Umgang mit dem Sand, Sand durch die Hand rinnen lassen
Einen Gong anschlagen	„Einsamkeit, Geheimnis, Kloster, bewegende Kreise, Frieden, Fremde"	Großflächig eine Spirale von außen nach innen zeichnen, bis man den Klang nicht mehr hört.
Edvard Grieg: aus Peer Gynt, op. 23: „Morgenstimmung"	„Warm, entspannend, euphorisch" „aufgehende Sonne, Frühling, große Landschaften, Weite, Kindheit, Glück" „träumen"	Mit einer Gruppe ein Schwungtuch gemeinsam bewegen: Am Rand anfassend werden kleine Wellen, eine große Welle, eine seitwärtige Welle dargestellt.
W. A. Mozart: Klavierkonzert Nr. 21, KV. 467, 2. Satz	„nachdenklich, anstrengend" „höfische Bälle, verstaubter Musikunterricht" „schunkeln"	Jeder Teilnehmer hat einen Luftballon, den er mit jedem empfundenen Taktschwerpunkt über sich in die Luft schlägt.
Erik Satie: Gymnopédies	„total schön, verträumt, trocken" „Blues, Sehnsucht und Geborgenheit, Regenwetter"	Zur Musik wird eine Regengeschichte erzählt.

Formen- und Farbengestaltung zur beruhigenden Musik

Die Teilnehmer liegen bequem auf einer Fläche von ca. drei mal drei Metern auf dem Boden und schauen nach oben. Im Abstand von einem Meter über den Personen wird eine dünne transparente Folie von mindestens vier Personen straff gehalten. Der Raum ist abgedunkelt, von oben strahlt farbiges Licht auf die Folie herab. Ein Klangbeispiel mit beruhigenden musikalischen Eigenschaften wird abgespielt: Das Tempo der Musik sollte langsam und die dynamische Entwicklung des Stückes vorhersehbar sein, so dass sich keine musikalischen Überraschungen ergeben. Aus dem Bereich der klassischen Musik ist das Stück „Die Moldau" von Friedrich Smetana geeignet. Passend zur Entwicklung des Stückes wird die Folie in Schwingungen versetzt. Aus der Sicht der Teilnehmer verschwimmt das farbige Licht. Im Verlauf des Stückes werden dem Betrachter weitere farbige Gestaltungselemente sichtbar gemacht. Auf der Folie werden weitere Gegenstände durch die Schwingungen in vertikale und horizontale Bewegungen gebracht: Wattebäusche, Bälle aus dem Bällchenbad, ein Wasserball, und/oder Wassertropfen. Die unterschiedlichen Elemente sind in der genannten Reihenfolge zunehmend beweglicher und mit der dynamischen Steigerung der Musik nimmt die äußere Bewegungszufuhr an den Rändern der Folie zu. Dem Betrachter von unten stellen sich passend zur Musik unterschiedlich geformte Farben und Flächen dar, die in immer wieder neu entstehen und zerfließen. Berührungen der Folie mit den Händen durch die Teilnehmer von unten kann man vorsichtig zulassen, indem die Folie leicht abgesenkt wird.

Aufgaben

1. Beschreiben Sie die musikalischen Eigenschaften des Stückes „Die Moldau", die die Möglichkeit der Verwendung des Stückes zur beschriebenen Übung ausmachen.

2. Unterteilen Sie das Stück und legen Sie fest, an welchen Stellen die jeweiligen visuellen Reize eingebracht werden und wie die Folie dazu zu bewegen ist.
3. Prüfen Ihren Gestaltungsablauf und diskutieren Sie alternative Gestaltungsvorschläge im Umgang mit den Materialien.
4. Stellen Sie Ihre Erfahrungen im Umgang mit den Gestaltungselementen bei der Verwendung eines anderen Musikbeispieles dar. Wo liegen hier markante musikalische Impulse, die das Aufbringen der Materialien und die Form der Bewegung der Folie steuern?

Gestaltung des Pachelbel-Kanons mit bewegten Formen und Farben

Als Material dieser Gestaltung zur Musik werden weiße großflächige Laken durch dünne Bänder im Raum in horizontaler und vertikaler Richtung langsam bewegt. An der Decke sind Haken befestigt, über die die ausführenden Teilnehmer die Bänder in umgelenkter Richtung aus einer Sitzposition mit dem Musikbeginn langsam nach oben ziehen. Der Raum ist abgedunkelt und ist durch farbige Lichtquellen zu beleuchten. Aus dem Abstand einiger Meter kann die Inszenierung durch die Zuschauer betrachtet werden. Seitliche Bewegungen der farbig angeleuchteten Flächen können durch Anstoßen einer Pendelbewegung oder durch seitlich angeknüpfte Bänder erreicht werden. Die Formung der Laken ist unregelmäßig, um den Assoziationen der Betrachter freien Lauf zu lassen.

Passend zur dynamischen Entwicklung der Musik werden die Formen im verdunkelten Raum langsam bewegt und das farbige Licht wird gemäß der technischen Möglichkeiten behutsam aufgeblendet bzw. zugeschaltet. Entsprechend der Fähigkeiten der Teilnehmer, die die Formen in Bewegungen bringen, kann der Kanon auch in engerem Bezug zur Musik transformiert werden: Die drei Violinstimmen, die nacheinander einsetzen, werden jeweils durch eine aufsteigende Form dargestellt. Wenn ein Laken die Decke des Raumes erreicht hat, wird es wieder herab gelassen. Die gleichmäßige Bewegung der Melodie erfährt im Verlauf des Stückes durch rhythmische Variationen eine Steigerung, die durch seitwärtige Bewegungsimpulse umgesetzt werden kann. Aus den nacheinander aufsteigenden Bewegungen entwickeln sich gegenläufige Richtungen. Zusammen mit beidseitigen Pendelimpulsen verdichtet sich die visuelle Wirkung mit der Musik zu einem beruhigenden Gesamteindruck, der auf dem langsamen Grundtempo des Kanons und der Trägheit der sichtbaren Bewegungen beruht.

Die beschriebene Übung ist in Hinsicht der technischen Vorbereitungen etwas aufwändig. In eine Holzdecke können einige Haken eingeschraubt werden, über die eine dünne aber reißfeste Schnur umgelenkt wird. Falls das nicht möglich ist, können die Laken über ausgefahrene Kartenständer bewegt werden. Die Gestalt der Laken sollte an keine konkrete Form gebunden sein, die die Phantasie des Betrachters in eine bestimmte Richtung lenken könnte. Sofern die Laken an zwei Schnüren bewegt werden können, entstehen immer unterschiedliche und zufällige Formen. Die Länge der Schnüre bestimmt den Aufentaltsort der Teilnehmer, die die Laken bewegen. Sofern sie sich direkt hinter den Formen aufhalten, tragen sie dunkle Kleidung, um so wenig wie möglich sichtbar zu sein. Um dem Zuschauer einen vielfältigen Eindruck zu ermöglichen, steuern die Formen der Laken sechs und mehr Darsteller. Es sind im Vorfeld der Durchführung Absprachen zu treffen. Diese betreffen die Einsätze der Bewegungen, die gemäß des Kanon-Prinzips nacheinander stattfinden sollten und die Gegenläufigkeit von Bewegungsrichtungen, die dem Betrachter ein interessantes Bild bieten. Die Zuschauer haben die Möglichkeit bequem zu sitzen oder zu liegen. Die umgebende Dunkelheit bietet eine zusätzliche Entspannungsmöglichkeit.

Aufgaben

1. Hören Sie den Pachelbel-Kanon gemeinsam und verabreden Sie ein Konzept zur visuellen Gestaltung des Kanons. Berücksichtigen Sie insbesondere die Zeitpunkte der Bewegungseinsätze und die Bewegungsrichtungen, die durchgeführt werden sollen. Führen Sie in Ihrem Gespräch Begründungen der entstandenen Formen auch auf Ihre musikalischen Eindrücke von der Musik zurück.
2. Welche Vorstellungen entwickeln die Zuschauer beim Anblick der vielfältigen Formen, die sich zur Musik entwickeln? Wie passen Musik und Bewegung zusammen? Nutzen Sie zur Beantwortung der Frage auch die Möglichkeit einer Video-Aufzeichnung.
3. Vergleichen Sie Ihre Inszenierung mit den akustisch-visuellen Möglichkeiten, die ein Snoezelen-Raum bietet (z. B. durch eine Licht-Schall-Wand).

Körperlieder

Als musikalisches Material werden bei der folgenden Übung Lieder im langsamen Grundtempo mit einem beruhigenden musikalischen Ausdruck verwendet. Rhythmische Impulse des Liedes werden über den Körperkontakt vom Heilerziehunsgpfleger auf den Menschen mit Behinderung übertragen. Der Impulsgeber sitzt im Schneidersitz und hält den Menschen mit Behinderung auf seinem Schoß sitzend. Im Tempo des gewählten Liedes wird der Körper durch eine Schaukelbewegung durch den Heilerziehungspfleger hin und her gewiegt. Dazu wird das Liedbeispiel gesungen.

Sponono:

T. und M.: Schwarzafrika

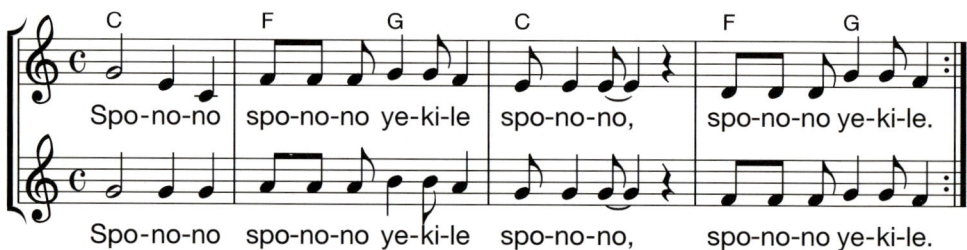

Zur Bedeutung des Textes heißt es in der zugrunde liegenden Quelle:

„Sponono" ist kleines Tanzlied der Xhosa aus Südafrika. Sein Text „Sponono yekile" beklagt, vergleichbar einem Blues, den Verlust der / des Geliebten: „Dieser wunderschöne Mensch / diese wunderschöne Frau hat mich verlassen."

(Schütz, Volker: Musik in Schwarzafrika, Lugert Verlag 1992, S. 84)

Voraussetzung dieser gemeinsamen Körperhaltung ist, dass das Gewicht der Teilnehmer die beschriebene Sitzpositionen zulässt. Alternativ kann der Oberkörper des Menschen mit Behinderung durch Führung der Schultern durch die Hände hin und her bewegt werden. Beide Teilnehmer müssen die gegenseitige körperliche Nähe zulassen können. In Fällen der Ablehnung des Körperkontaktes durch den Menschen mit Behinderung besteht die Möglichkeit die Annäherung schrittweise zu entwickeln. Dieses Entwicklungsziel bedarf allerdings der genauen Prüfung.

Aufgaben

1. Setzen Sie das beschriebene Beispiel des Körperliedes in Partnerarbeit um. Prüfen Sie dazu in der Zweiergruppe zunächst die Voraussetzungen zur Durchführung und singen Sie das Lied mit der gesamten Klasse.
2. Beschreiben Sie im Anschluss an die Durchführung die Eindrücke auf Ihren Spürsinn sowie Ihre auditiven und visuellen Wahrnehmungen.
3. Hat sich das Hörerlebnis durch die Körperführung und Körperkontakt gegenüber dem Singen des Liedes im Klassenverband geändert? Sprechen Sie über Ihre Eindrücke.
4. Wie wird ein schwerstmehrfach behinderter Mensch dieses Angebot wahrnehmen?

Der großflächige Körperkontakt zwischen dem Menschen mit Behinderung und dem Heilerziehungspfleger ermöglicht die Vermittlung verschiedener Signale. Als basale Botschaften empfängt der Mensch mit Behinderung die Körperwärme, die Atmung und den Herzschlag des Heilerziehungspflegers. Die geführte Pendelbewegung des Oberkörpers aktiviert den Gleichgewichtssinn und macht das beruhigende Liedtempo körperlich erfahrbar. Die Liedmelodie kann hörend erfasst werden und durch die Körperresonanzen des Stimmapparates über den Rücken des Menschen mit Behinderung gefühlt werden. Eine enge Körperführung ermöglicht dem Heilerziehungspfleger die Kontrolle über behinderungsbedingte Verspannungen.

Aspekte zur Liedauswahl

Grundlage der beruhigenden Wirkung des vorliegenden Liedes ist das langsame Tempo. Die langen Notenwerte zu Liedbeginn werden durch die zweimalige Pendelbewegung im Tempo von Viertelnoten zur gesungenen halben Note erfahrbar gemacht. Die drei Achtel-Noten zu Beginn von Takt zwei und vier verleihen im Gegenzug den Körperbewegungen einen regelmäßigen Impuls. Die beständigen Wiederholungen des viertaktigen Liedes lassen dem Menschen mit Behinderung die Zeit, sich in die Kontinuität der rhythmischen Impulse und der Bewegungen einzufinden. Der regelmäßige Wechsel zwischen rhythmischen Ruhepunkten und Bewegungsimpulsen machen das Lied anhaltend interessant.

Neben den rhythmischen Elementen machen die gute Singbarkeit der Melodie und die regelmäßige Wiederkehr der Begleitakkorde in Form der Kadenz C, F, G das Lied in der Behindertenhilfe gut einsetzbar.

Neben den objektiven Kriterien der Liedauswahl, die für den Einsatz des vorliegenden Liedes sprechen, muss das Liedbeispiel den teilnehmenden Personen gefallen. Als Sänger fällt es dem Führenden in körperlicher Nähe zum Partner einfacher, ein Lied zu singen, welches ihm selbst gefällt. Beim Zuhörenden und Geführten hingegen wird das Gefallen des Liedes über den Kontakt zum Heilerziehungspfleger beeinflusst sein.

Aufgaben

1. Suchen Sie in Liederbüchern und –sammlungen weitere Lieder, die Sie als Körperlieder gemeinsam gestalten können.

2. Führen Sie die beschriebene Übung mit anderen Liedbeispielen durch. Vergleichen Sie Ihre Erfahrungen im Umgang mit den musikalischen Merkmalen (z. B. Tempo, Singbarkeit des Liedes. Wie passen Körperbewegung und Lied zusammen?). Versuchen Sie sich auf konkrete musikalische Merkmale des Liedbeispieles zu beziehen.
3. Tauschen Sie in Ihrer Kleingruppe die Rolle zwischen Führer und Geführtem und führen Sie die Übung mit einem anderen Partner durch. Welche Unterschiede beobachten Sie?

2.3.3   Anregende Rhythmen – Musik und Bewegung

 „Wenn ich tanze, dann ...“

Aufgaben

1. Vervollständigen Sie den Satz! Schreiben Sie dazu in Einzelarbeit Ihre Erfahrungen zum Thema ‚Tanz‘ auf. Es sind mehrere Fortsetzungen des Satzes möglich. Danach werden die Ergebnisse von einem Schüler verlesen. Eine Namensnennung ist nicht erforderlich.
2. Fassen Sie anschließend die Bandbreite der Einstellungen und Vorerfahrungen zusammen.
3. Welche Einstellungen vertreten Menschen mit Behinderungen gegenüber der Bewegung zur Musik? Stellen Sie Ihre Beobachtungen und Erfahrungen dar.

Beispiele von Schüleräußerungen in einer Fachschulklasse:

Wenn ich tanze, dann ...
1. bin ich zu hause und fühle mich danach gut und erleichtert. In der Öffentlichkeit fühle ich mich nicht wohl. Mit den Bewohnern kann ich tanzen und dabei fühle ich mich auch wohl.
2. verschließe ich mich, nehme nur meine eigenen Empfindungen wahr. Es macht mir Spaß, mit dem Rhythmus mit zu fließen.
3. habe ich zuerst Hemmungen, die sich rasch abbauen.
4. fühle ich mich ausgelassen, frei. Ich kann mich gehen lassen.
5. fühle ich mich an meinen Tanzkurs erinnert, womit negative Eindrücke verbunden sind. Ich fühle mich unwohl, zu ausgewählter Musik spezielle Bewegungen auszuführen, weil die nicht von Herzen kommen. Rhythmische Bewegungen bzw. Ausdruckstanz, den ich von meinem Musikgeschmack abhängig mache, mag ich gerne.
6. fühle ich mich wohl, fröhlich, selbstsicher. Ich tanze sehr gern und sehr oft, allein in meiner Wohnung, auf einer Party. Auf jeden Fall, wenn ich „meine Musik“ höre ist es wie ein Reflex: Ich tanze sofort.
7. fühle ich mich frei von allen Dingen. Aber eigentlich kann ich überhaupt nicht tanzen.

Die rhythmischen Impulse, die eine Musik vermittelt, lösen beim Zuhörer das Bedürfnis nach körperlicher Umsetzung aus. Die Musik stimuliert eine innere Gemütsbewegung, die je nach Situation einen sichtbaren oder verdeckten Körperausdruck anregt. Der gesellschaftliche Anlass, das individuelle Wohlbefinden und die körperlichen Fähigkeiten bestimmen, in welcher Form man sich zur Musik bewegt. Alle Darstellungsformen sollen hier als „Tanz" verstanden werden, als lustbetonte, rhythmische Bewegungen zu einer Musik. Die Intensität und Regelmäßigkeit der Bewegung ist bestimmt von körperlichem Vermögen des Tanzenden und seinem Wunsch, sich durch Bewegung mitzuteilen.

Aufgabe

Beobachten Sie tanzende Paare oder einzelne tanzende Personen. Was sind die Botschaften, die beim Tanz dem Gegenüber oder anderen Menschen mitgeteilt werden?

Die Bewegung zur Musik kann ein alternatives Kommunikationsmittel zu eingeschränkten verbalen Mitteilungsmöglichkeiten sein. Darüber hinaus wird sie als Energieabfuhr und damit als Spannungsabfuhr erlebt. Für den Menschen mit Behinderung sind die Kontrollierbarkeit seiner Bewegungsimpulse und seine individuellen Bewegungsmöglichkeiten bedeutsam. Der Wunsch, zu einer Musik die vorgegebenen Bewegungen durchzuführen, kann bei körperlichem Unvermögen und zeitiger Ermüdung die Frustrationsgrenze des Tanzenden berühren. Reaktionen wie die Geringschätzung der Musik können dann als Schutzmechanismus gedeutet werden.

Der Bewegungsdrang zur Musik kann im Zuge der Anpassung an gesellschaftliche Normen unterdrückt sein. Diese einengende Sozialisation haben Menschen mit Behinderung unter Umständen nicht erfahren und bewegen sich ungehinderter und spontaner zur Musik als nichtbehinderte Menschen. Bewegungsvorgaben zu einem Musikbeispiel durch den Leiter einer Gruppe können Hemmungen herabsetzen. Tanz wird hier als Gruppenerlebnis verstanden, bei dem die Anpassung von Bewegungen ein gemeinschaftliches Tun ermöglicht. Der Einzelne erfährt eine neue Wirkungsperspektive seiner Person auf die anderen Teilnehmer.

Einfache Bewegunsanregungen können bereits in Form von Reaktionsspielen zur Musik umgesetzt werden. Offene Formen sind freie Bewegungen zur Musik bis hin zur Bewegungsimprovisation, der spontanen körperlichen Gestaltung einer Bewegungsidee zur Musik. Diese Bewegungsformen verkörpern eine zunehmende Individualität des tänzerischen Ausdrucks.

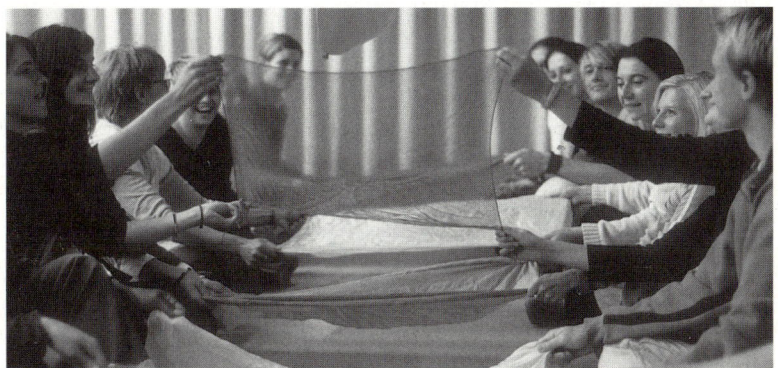

Die Musik, die zur Bewegung anregt, erfüllt einige Bedingungen. Ihr Aufforderungscharakter besteht darin, dass sie rhythmisch gut nachvollziehbar ist und dass sie regelmäßig wiederkehrende Bewegungsimpulse setzt. Sie entspricht den musikalischen Erwartungen einer Gruppe, seien es behinderte Jugendliche oder alte Menschen und sie wurde für einen bestimmten Anlass, z. B. ein Fest, ausgewählt. Im Verhalten der Person des Leiters einer Gruppe werden all die anregenden Eigenschaften der Musik zusammengefasst: Er verkörpert durch sein Auftreten der Gruppe die vitalen Aspekte der Musik und führt durch dieses Rollenverhalten ein positives Gruppenerlebnis herbei.

Die Bewegung zur Musik ist eine komplexe Handlungsform, deren Erfolg hinsichtlich des Musikerlebens und des positiven Gruppenprozesses von der didaktischen und methodischen Vorbereitung abhängt. Dabei wird die Entwicklung und Umsetzung einer Bewegungsfolge zur Musik von drei Gesichtspunkten geleitet:

1. Welche den Tanz bestimmenden musikalischen Impulse gibt die Musik durch das Tempo, durch ihre Form und ihren Ausdruck? (sachbezogener Aspekt)
2. Welche Bewegungen zur Musik setzen die Teilnehmer um? (didaktischer Aspekt)
3. Wie ist die Abfolge von Vermittlungsschritten auszuwählen? (methodischer Aspekt)

Welche den Tanz bestimmenden musikalischen Impulse gibt die Musik? – Sachbezogener Aspekt

Tempo

Die Geschwindigkeit, mit der eine Musik gespielt wird, bestimmt, welche Bewegungen durchgeführt werden können. Am Beispiel des Reaktionsspieles „Einen Luftballon durch eine Gasse schlagen" (Foto S. 59) wird verständlich, dass die musikalischen Impulse so langsam sein müssen, dass sie mit der Flugbahn des Ballons abstimmbar sind. Auf der ersten Zählzeit eines Taktes wird dem Ballon ein Schlag durch das straff gehaltene Tuch verliehen, der ihn zum Nachbarpaar weiter bewegt. Tschaikowskys Walzer „Valse de fleurs" der Nussknacker Suite erfüllt diese Bedingung. Beim Tanzen bestimmt das Tempo der Musik, welche Körperteile bewegt werden können und in welcher Weise das geschehen kann. Großförmige Bewegungen, wie das Drehen des ganzen Armes ab der Schulter, sind eher zu einem langsamen Tempo möglich, das Drehen der Hand ab dem Unterarm gelingt als kleinförmige Bewegung zu schnelleren Tempi.

Aufgabe

Finden Sie zwei unterschiedliche Musikbeispiele, zu denen Sie sich in raumeinnehmenden langen Schritten bzw. kleinschrittig bewegen können. Zur Verdeutlichung können die musikalischen Impulse von einem Klassenteil geklatscht werden. Vergleichen Sie anschließend die Musikbeispiele hinsichtlich ihrer Geschwindigkeiten.

Formale Anlage

Bewegungen zur Musik können wechseln, wenn die Musik innerhalb des Stückes eine andere Gestalt annimmt, wenn ein neuer Formteil erklingt. Dieses kann durch einen Wechsel der Melodie, des Rhythmus oder der Harmoniefolge hörbar werden. Deutlich hörend unterscheidbare Formteile in der populären Musik sind: Strophe, Refrain, Bridge, Wechsel zwischen Gesang und Soloinstrument, Einleitung, Schlussteil. Kleinere musikalische Einheiten, die Einfluss auf einen Bewegungswechsel haben können, sind Wiederholungen gleicher Melodieteile.

 Beispiel

Reaktionsspiel zur Entdeckung formaler Gestaltungen – Ouvertüre zu „Carmen"

Sie sitzen in Kreisform und geben im Tempo der Musik einen Tennisball weiter. Sobald ein neuer Formteil im Stück erklingt, d. h., wenn eine neue Melodie hörbar wird, wechselt der Ball die Richtung, in die er gegeben wird. Nachdem die Teilnehmer an Sicherheit gewonnen haben, wird das Spiel mit mehreren Bällen durchgeführt.

Aufgaben

1. Führen Sie das beschriebene Reaktionsspiel an einem weiteren Musikstück Ihrer Wahl durch.
2. Sofern es sich um ein Stück populärer Musik handelt, benennen Sie anschließend die zu hörenden Formteile.
3. Prüfen Sie, ob ein Richtungswechsel des Balles auch den Wechsel einer Körperbewegung nahelegen würde. Welche Körperbewegungen bieten sich bei Ihrem Musikbeispiel an?

Musikalischer Ausdruck

Die Umsetzung einer Bewegung zur Musik wird bestimmt durch die innere Befindlichkeit des Tanzenden. Die gehörte Musik übt Einfluss auf die Stimmung aus, in der Bewegungen gefunden und umgesetzt werden. Die Art der Bewegung und ihre Intensität hängen vom Ausdruck des gehörten Musikbeispieles ab.

Aufgaben

1. Zu welcher Musik und in welcher Stimmung tanzen Sie? Beschreiben Sie anhand des Diagrammes den sichtbaren Einfluss, den diese Musik auf Ihre Stimmung hat.
2. Ordnen Sie die unten angeführten verschiedenen emotionalen Zustände einem passenden sichtbaren Körperausdruck zu. Finden Sie weitere Zuordnungen.
3. Prüfen Sie die Umkehrbarkeit von innerer Befindlichkeit und körperlichem Ausdruck, indem Sie die angeführten Körperhaltungen annehmen. Welche emotionale Wirkung entsteht?
4. Finden Sie Musikbeispiele, welche die unten angeführten inneren Gemütszustände anregen können. Entwickeln Sie anschließend Reaktionsketten entsprechend des unten stehenden Beispieles „The great Pretender" und führen Sie diese aus, indem Sie sich zur Musik passend bewegen.

Zu Aufgaben 2 und 4

Innere Befindlichkeit (Auswahl)	Körperlicher Ausdruck (Auswahl)
Hochstimmung	Schreiten
Erregung	Springen
Ausgelassenheit	Schlendern
Trauer	sich drehend durch den Raum bewegen
Freude	Hüpfen
...	...

 **Beispiel zu Aufgabe 4**

Queen: The great Pretender ⇒ Hochstimmung ⇒ erhobenen Hauptes durch den Raum schreiten

Welche Bewegungen setzen die Teilnehmer um? (didaktischer Aspekt)

Bewegungen zur Musik werden entsprechend der körperlichen Möglichkeiten der Tanzenden gestaltet. Die Sichtweise auf die Vorbereitung soll positiv gemäß der Frage geleitet sein: Welche Bewegungen können umgesetzt werden? Vermeidbar sind eine defizitäre Sichtweise und ein überzogener Anspruch nach Gleichförmigkeit der Bewegungen bei einem Gruppentanz. Sitztänze und Rollstuhltänze sind grundlegende Prinzipien der Reduzierung von Bewegung zur Musik: dort wo Spastiken oder Lähmungen die Beinarbeit einschränken, wird auf die Fortbewegung zur Musik verzichtet (Sitztanz) oder sie wird durch Rollstühle ermöglicht. In Rollstühlen zu tanzen, bedeutet keine Behinderung des Ausdrucks der Bewegung zur Musik.

Zusammenstellung typischer Tanz und Bewegungsformen bei Sitz- und Rollstuhltänzen (Auswahl):

- ◆ Bewegungen der Arme: Winkbewegung rechts, links / Arme vor dem Oberkörper rollen, vorwärts, rückwärts / den Nachbarn antippen / in die Hände klatschen

- ◆ Bewegungen der Beine: Fuß anheben und drehen, rechts, links / wechselseitig aufstampfen

- ◆ Kopfbewegungen: Kopfnicken, Kopf drehen, Blickkontakt zu bestimmten Personen aufbauen

- ◆ Ganzkörperbewegungen: Mit dem Rollstuhl um den Partner fahren / sich umrunden lassen / um die eigene Achse drehen

- ◆ Einnehmen von spielerischen Rollen: Gesten einnehmen wie die Hände in die Hüften stemmen / Nutzung von Mimik, z. B. entrüstet aussehen

Bei Tänzen mit mehreren Teilnehmern kann das Prinzip der Binnendifferenzierung umgesetzt werden. Hierbei erfolgt die Zuordnung unterschiedlicher Bewegungen auf Gruppenteile gemäß individueller Stärken der Tanzenden. Die Gruppen können verschiedene Aufstellungen einnehmen: in Kreisform führen die Teilnehmer beispielsweise abwechselnde

Bewegungen durch, es werden ein Außen- und Innenkreis gebildet, die Aufstellung erfolgt in zwei Reihen voreinander usw.

Die Beweglichkeit von Körperteilen ist bei Menschen mit Behinderung von der Tagesform und der psychischen Verfassung abhängig. Eine angestrebte Vereinheitlichung von Bewegungsfolgen berücksichtigt daher auch immer den individuellen Bewegungsausdruck des Einzelnen gemäß seiner Möglichkeiten. Dabei zieht die Unterstützung der Musik und die der Gruppe oftmals ein höheres Maß an Beweglichkeit und Konzentrationsfähigkeit mit sich, als das im Gruppenalltag der Fall ist.

Aufgaben

1. Ordnen Sie den Formteilen eines Musikbeispieles Ihrer Wahl verschiedene Körperbewegungen in Sitzposition zu und führen Sie den Sitztanz durch.
2. Führen Sie zur selben Musik einen Standardtanz durch, den ein Tanzkursteilnehmer Ihrer Gruppe erläutert, und vergleichen Sie Ihre Erfahrungen hinsichtlich beider Tanzformen.

Welche Abfolge von Vermittlungsschritten ist auszuwählen? (methodischer Aspekt)

Die Notwendigkeit methodischer Abwechslung bei der Einführung eines Tanzes ergibt sich aus den Unterschieden in der geistigen und körperlichen der Leistungsfähigkeit der Teilnehmer und aus der Flüchtigkeit des Mediums „Musik". Über- und Unterforderungen hinsichtlich der Nachahmung oder mündlichen Beschreibungen von Bewegungen sind zu vermeiden, denn auch beim Einüben einer Bewegungsfolge zur Musik soll die Freude am Gegenstand im Vordergrund stehen.

 ## Beispiele von Methoden der Vermittlung von Bewegungen zur Musik:

1. Den Aufforderungscharakter der Tanzmusik durch Anhören nutzen: Hört euch das an!
2. Das Vormachen und die Nachahmung einer Bewegung zur Musik oder vor dem Musikbeispiel durch eine teilnehmende Person oder durch den Leiter der Gruppe.
3. Die mündliche Bewegungsbeschreibung vor dem Musikbeispiel.
4. Kreative Eigenleistungen und spontane Bewegungsvorschläge der Teilnehmer einfordern.
5. Visuelle Orientierungshilfen einbringen, z.B. eine Overhead-Folie oder eine beschriftete Tapetenrückseite.

Die begründete Abwechslung von Methoden der durch die musikalische Form vorgegebenen Bewegungswechsel wird die Teilnehmer anhaltend zur Gestaltung eines Tanzes motivieren.

Aufgabe

Welche Vermittlungsschritte haben Sie bei der Erarbeitung des Tanzes genutzt, der bei der letzten Aufgabenstellung entwickelt wurde? Entwickeln Sie in Arbeitsgruppen verschiedene Konzepte zu einem Tanzbeispiel und diskutieren die unterschiedlichen methodischen Abfolgen.

Aufgabenstellung zur Zusammenführung formaler, didaktischer und methodischer Überlegungen

1. Führen Sie einen Sitz oder Rollstuhltanz zu einem Musikbeispiel Ihrer Wahl ein. Beschreiben Sie dazu die formale Gestalt des von Ihnen gewählten Musikbeispieles und finden Sie eine Bewegungsfolge. Begründen Sie, warum die Bewegungen zum musikalischen Ausdruck passen. Entwickeln Sie anschließend ein methodisches Konzept zur Vermittlung des Tanzes.
2. Vergleichen Sie Ihre Erfahrungen bei der Entwicklung und Durchführung des Tanzes mit den zu Beginn der Unterrichtseinheit zum Thema Musik und Bewegung geäußerten Voreinstellungen.

Beispiel einer schriftlichen Planung: Einführung eines Sitztanzes

Um die didaktischen und methodischen Aspekte der Einführung eines Sitztanzes mit einer Gruppe von Menschen mit Behinderung im Vorfeld zu sammeln und zu ordnen, ist die Anfertigung einer schriftlichen Planung sinnvoll. Im folgenden Text stellt ein Fachschüler seine Vorüberlegungen zusammen. Er plant die Einführung eines Sitztanzes zum Musiktitel „Cotton Eye Joe" der Gruppe Rednex.

***Zum Inhalt der Sequenz:** Die zwölf Teilnehmer bilden einen Sitzkreis bzw. einen Rollstuhlkreis. Der Abstand untereinander ermöglicht ein Anfassen des Nachbarn. Die Arme aller Teilnehmer sind frei beweglich. Den drei Teilabschnitten des Liedes werden drei Bewegungen zugeordnet. Nach 32 Takten erfolgt immer ein Bewegungswechsel. Vorspiel und Schluss werden ohne Bewegung angehört. Das Tempo des Liedes ist einheitlich und wird zur Erarbeitung der Bewegungen um 20 % reduziert.*
Teil A, Refrain: Gesang Mann, „If it hadn't been for Cotton Eye Joe ...". Bewegung: Winken mit der rechten Hand zweimal im Takt. Winken mit der linken Hand zweimal im Takt. Teil B: Instrumentalteil. Bewegung: Rollen der Arme vor dem Körper und Nicken des Kopfes im Liedtempo. Teil C: Gesang Frau, „He came to town like a midwinter storm ...". Bewegung: Hände in die Hüfte stemmen und Oberkörper im Liedtempo drehen. Gesamtanlage des Liedes: ABC / ABC / ABABA

***Begründung der Thematik für die Gruppe:** Alle an dem Tanz beteiligten Personen weisen Behinderungsbilder mit Mehrfachbehinderungen auf: Sie reichen von Lähmungen aller Extremitäten (Tetraplegien) bzw. einer Körperhälfte (Hemiplegien) mit Minderbegabungen sowie psychischen Behinderungsbildern mit Verhaltensauffälligkeiten. Die Bewohner sind leicht bis schwer in ihrer Bewegungsfreiheit eingeschränkt. Mit dem Sitztanz wird die Konzentration auf das Zuhören eines Liedes geschärft. Die an dem Tanz beteiligten Personen müssen mit einzelnen Liedabschnitten Bewegungswechsel verbinden und sie passen die Bewegungen dem Tempo der Musik an. Durch die vorgegebenen Bewegungen werden motorische Fähigkeiten gestärkt. Einigen Personen werden neue Bewegungsmöglichkeiten eröffnet. Verhaltensauffällige und psychisch beeinträchtigte Personen verlieren in der Gruppe die Angst bestimmte Bewegungen durchzuführen, zu denen sie allein nicht in der Lage wären. Das Lied ist in unserer Gruppe sehr bekannt und die einzelnen Abschnitte sind gut zu unterscheiden.*

***Methoden:** Im Vorfeld der Tanzerarbeitung sitzen die Bewohner um einen Tisch und singen einige Lieder. Die Teilnahme am Tanz ist nach der Erklärung des Vorhabens freiwillig und mit einem Positionswechsel in den anderen Teil des Raumes verbunden. Der Leiter der Gruppe kann von den Teilnehmern gut gesehen werden. Die Bewegung zum Teil A wird vorgestellt und durch die*

Bewohner nachgemacht. Das Lied wird gespielt und von den Bewohnern wiedererkannt. Die Teilnehmer führen die Bewegung zum Teil A auf Zuruf durch. Anschließend werden die weiteren Bewegungen eingeführt und mit dem Lied verbunden. Möglich ist, dass die Bewegungen zunächst nur wenige Male zum jeweiligen Liedteil durchgeführt werden, um auf den Bewegungswechsel hinzuweisen. Hilfestellungen werden nach Bedarf gegeben und Rückmeldungen der Bewohner erbeten. Sollte im Laufe der Einstudierung ein Bewegungschaos eintreten, wird das als Beitrag zur Stimmung aufgefangen und den Spaß des Abends abrunden.

Aufgaben

1. In welchem Verhältnis stehen musikbezogene und pädagogische Überlegungen bei der Erarbeitung des Sitztanzes?
2. Erörtern Sie Alternativen zu den methodischen und didaktischen Überlegungen.
3. Vergleichen Sie die genannten Behinderungsformen mit den Behinderungen Ihnen bekannter Menschen. Wie wird die Umsetzung der Bewegungen des Sitztanzes mit diesen Menschen aussehen?

2.3.4 Ordnende Rhythmen – Rhythmus und Sprachförderung

Gesprochene Sprache ist die Aneinanderreihung von unterschiedlichen Lauten, die durch ihre Verknüpfung inhaltliche Bedeutung erlangen. Der Mund-, Rachen- und Halsraum sind die Orte, in denen die Laute artikuliert werden. Die Steuerung des Stimmapparates geschieht im Sprachzentrum des Gehirns. Sprechen ist die Verbindung der Laute zu bedeutungstragenden Einheiten. Beim Spracherwerb hat der Hörsinn eine grundlegende Bedeutung. Durch das Hören werden eigene gesprochene Mitteilungen kontrolliert und die verbalen Aussagen anderer Personen aufgenommen.

Beeinträchtigungen im mündlichen Sprachgebrauch lassen sich durch Fehlentwicklungen bzw. Retardierungen im organischen Bereich, durch Defizite der sprachlich-logischen Verknüpfung (Grammatik) und durch emotionale Beeinträchtigungen begründen. Die Bereiche beeinflussen sich auch wechselseitig, indem beispielsweise eine psychische Belastung sich negativ auf den normierten Sprachgebrauch auswirkt. Menschen mit Sprachbeeinträchtigungen erfahren emotionale Behinderungen oftmals von außen, indem bei einer nicht erfolgreichen Gesprächssituation sich der behinderte Sprecher unter Druck gesetzt fühlt.

Aufgaben

1. Gehen Sie in den Fächern Biologie/Gesundheitslehre und Sprachförderung den organischen und psychischen Ursachen von sprachlichen Behinderungen nach.
2. Wann geraten Sie beim Sprechen unter Druck? Welche Auswirkung hat das auf Ihr Sprechverhalten? Sammeln Sie Kommunikationssituationen, in denen Sie sprachlich eingeschränkt fühlten und werten Sie diese anschließend aus. Wurde der psychische Druck durch den Kommunikationspartner ausgeübt?
3. Informieren Sie sich über therapeutische Ansätze bei Menschen, die stottern. Welche Hilfestellung verleiht ihnen das rhythmische Sprechen? Was passiert, wenn die Aussagen gesungen werden?

Der folgende Textausschnitt beschreibt einen Zusammenhang zwischen Musik und Sprache.

„Diese (die) Erkenntnis der physiologischen Beschaffenheit des menschlichen Ohres weist auf einen gemeinsamen Ursprung von Singen und Sprechen, denn die Vokalbildung ist eigentlich eine Reduktion von Tonhöhenwahrnehmung. Im Chinesischen und in vielen afrikanischen Sprachen ist der Tonfall Bedeutungsträger, d. h. die richtige musikalische Intonation ist fester Bestandteil der Fähigkeit sich sprachlich zu verständigen. Konsonanten sind rhythmische Geräusche, die entweder über dem Formantenfeld der Vokale liegen (wie die stimmlosen Labiale f, s, über 8300 Hz) oder darunter (wie die stimmhaften Konsonanten m, n, unter 130 Hz). Dabei können schon kleinste Frequenzunterschiede in der Artikulation eines Vokals fundamentale Bedeutungsunterschiede zur Folge haben."
(Reinhard Flender, *Vom dreifachen Ursprung der Musik*, 1993. S. 10 f.)

Aufgaben

1. Beschreiben Sie die Bedeutungen des langgezogenen Vokals „o" mit abfallender und mit ansteigender Tonhöhe. Finden Sie weitere Beispiele von Bedeutungsunterschieden unterschiedlich artikulierter Vokale.
2. „Mama" oder „Papa" sind beim Spracherwerb des Kleinkindes die ersten erfolgreich gesprochenen Worte. Beschreiben Sie die Artikulation und die rhythmische Struktur der Worte.

Gesprochene Sprache lässt sich in melodische und rhythmische Bestandteile zergliedern. Vokale (a, e, i, o, u) werden wie einzelne Töne einer Melodie länger gehalten und in verschiedenen Tonhöhen artikuliert. Zahlreiche Konsonanten (z. b. p, t, k) stoßen die folgenden Laute kurz an und stellen so ein rhythmisches Element von Sprache dar. Weitere rhythmische Prozesse, die Sprache ermöglichen, sind die Atmung, die akustischen Schwingungen des Sprechapparates und die Steuerung und Verknüpfung im Sprachzentrum. Auf der semantischen Ebene werden Hebungen und Senkungen in gesprochener Sprache und die Bildung von Satzmelodien zu rhythmisch geprägten Orientierungspunkten. Als erste rhythmische Erfahrung wird bereits über den Hörsinn, der entscheidende Bedeutung beim Spracherwerb hat, der Herzschlag der Mutter im Mutterleib wahrgenommen. Störungen von Sprache sind demnach Störungen rhythmischer Prozesse.

Die dargestellten rhythmisch orientierten Übungen zur Sprachförderung beziehen sich auf Voraussetzungen und auf die Abläufe des Sprechens. Gefördert werden die Bereiche Hinhören, Aufnehmen und Verstehen, Reagieren und Artikulieren. Körperliche Lockerungen und geistige Entspannung werden als begleitende Maßnahmen aufgegriffen. Die Gewichtungen der Inhalte und Zielsetzungen sind in unterschiedlichem Umfang auf die Übungen verteilt. Alle Übungsbereiche greifen Elemente der Alltagskommunikation auf und bieten sie in einem gestaltenden und spielerischen Kontext dar. Im Rahmen der Selbsterfahrung können die Übungen im Klassenverband durchgeführt werden und sie eignen sich als Einzelübungen bei der Arbeit mit einem Menschen mit Behinderung.

Übungen zur Sprachförderung

Den Atem dosieren
Zerlegen Sie ein mehrlagiges Papiertaschentuch und halten Sie sich eine Lage mit den Fingerspitzen beider Hände waagerecht vor den Mund. Sie atmen ein und blasen vorsichtig

dosiert die Luft aus, so dass das Tuch nach vorne weht und entsprechend des Lungenvolumens in seiner Lage bleibt. Ein weiterer Anlass, die Atemluft vorsichtig zu dosieren, ist das stimmhafte Blasen in einen Plastikeimer. Sie singen einen tiefen Ton möglichst lange in den Eimer und spüren an der Seite die entstehenden Vibrationen. Führt man die Übung zu mehreren Teilnehmern durch, wird ein Zuhörer im Raum einen anhaltenden, tief klingenden Ton wahrnehmen.

Eine bewegte Klangquelle anzeigen

Eine Voraussetzung für die Bildung von Lauten ist die Fähigkeit, die Umwelt hörend wahrzunehmen. Die Übung stellt einen spielerischen Ansatz zur Entwicklung der Konzentrationsfähigkeit beim Zuhörer vor. Mit geschlossenen Augen und auf dem Boden sitzend verfolgen die Zuhörer eine von einem Teilnehmer durch den Raum getragene Klangquelle, die fortlaufend angeschlagen wird. Die Gruppe zeigt mit ausgestrecktem Arm auf die Richtung, aus der der Klang kommt. Als Variante werden unterschiedliche Klangquellen mit geschlossenen Augen mit Namen bezeichnet.

Vielerlei Linien: Musik malend umgesetzt

Die Übung soll ermöglichen, die fördernden rhythmischen Prozesse zur Lautbildung zunächst körperlich erfahrbar zu machen. Dabei bewirkt das Einlassen auf die spontanen Bewegungen eine Lockerung, die sich positiv auf die anschließenden Übungen zur Artikulation von Lauten auswirkt. Die Teilnehmer sitzen vor den Rückseiten von Tapeten oder anderen beschreibbaren großen Flächen. Passend zum Rhythmus eines Musikbeispieles oder eines anderen Rhythmusgebers wird ein Stift über die Fläche geführt. Arm und Hand setzen die Impulse der Klangquelle in verschiedene Richtungen in eine ununterbrochene Linie um. Der körperlich vorgegebene Malradius bestimmt den Umfang des Bildes. Die Linie kann auch mehrfach geführt sein und dadurch kräftiger werden. Andere Impulsgeber können der gefühlte Puls des Malenden sein, ein auf einer Trommel dargestellter Rhythmus oder ein vorgetragenes Gedicht mit einem durchgängigen Versmaß und regelmäßigem Reimschema.

Geeignete Musikbeispiele mit vielfältigen Ergebnissen entstehen beispielsweise zur Musik des Minimal Music Komponisten Steve Reich (z. B. Six Pianos). Die Musik ist von einer zeitlichen Ausdehung, die ein gutes Einstellen des Malers auf die Situation ermöglicht und sie erlaubt durch ihre formale und melodische Anlage ein offenes Herangehen an die Gestaltung. Jedes Bild wird anschließend gemeinsam betrachtet und positiv besprochen.

Eine in taktiler Hinsicht ansprechende Alternative ist die Variante dieser Gestaltung mit Rasierschaum, der auf einer glatten Fläche (Glas o. Ä.) aufgebracht ist. Die Finger oder die ganze Hand führen die Linie ohne einen Stift als Fremdkörper zu halten.

Laute in Schriftzügen malen

Ein mehrfach artikulierter Laut (Buchstabe oder Silbe) wird entsprechend der Zeit, in der er zu hören ist, als Schriftzug aufgeschrieben. Bei Änderung der Lautstärke wird die Schrift kleiner oder größer. Zu mehreren Teilnehmern kann eine große Fläche (Tapete) an verschiedenen Stellen beschrieben werden. In einem weiteren Schritt kann das Produkt entsprechend der Schreibweise artikuliert abgelesen werden. Ein Dirigent führt die Sprecher versetzter Rollen durch das entstandene Bild.

Laute hören und Reimlaute bilden

Die Teilnehmer sitzen sich paarweise gegenüber. Entsprechend dem Bild des Wanderers, der gegen eine Bergwand ruft, artikuliert der erste Spieler ein Wort mit wenigen Silben. Die gegenüber sitzende Person bildet ein Reimwort darauf und spricht es zu dem schräg gegenüber sitzenden Mitspieler. Auf diese Weise bildet sich eine Wortkette bis zum letzten Spieler. Fällt einem Mitspieler kein Reimwort ein, so kann er einen neuen Begriff nennen. Bei einsilbigen Wörtern können auch bedeutungsfreie Laute genannt werden. Als Variante kann jeder Teilnehmer den Rhythmus seiner Silbenfolge mittrommeln. Es ensteht ein gleichbleibender Trommelrhythmus bei unterschiedlichen Bedeutungen der Worte.

Beim Vorlesen Geräusche mitmachen

Lesen Sie folgende Geschichte mit verteilten Rollen laut vor. Neben der Sprecherrolle werden von weiteren Teilnehmern die Geräusche nachgeahmt, die von den genannten Gegenständen natürlicherweise zu hören wären, wenn der Zuhörer die Geschichte selbst erleben würde. Artikulieren Sie die Geräusche deutlich von der Textstelle an, in der sie auftreten. Wenn das Geräusch aus der Perspektive des Erzählers nicht mehr hörbar ist, verstummt es.

Ich hab Musik im Kopf

Am Anfang war die Ruhe. Stille. Die Schatten der Nacht waren verflogen, und ich lag dösend auf dem Rücken.

Rrrrrring ... rasselt der Wecker und reißt mich jäh aus den Träumen. Puh. Was für ein Sound! Schrill klingelt es in meinen Ohren. Guten Morgen.

Ticke, tacke, ticke, tacke ... vernehme ich nun gedämpftere Töne. Der Wecker spielt, ähnlich einem Metronom, stetig einen Achtel-Takt. Hmmmm. Meine Füße wippen im Takt. Das ist es. Der Rhythmus, der den Tag bestimmt.

Doch was ist das?

Plop, plop, plop ... klingt es von weitem an mein Ohr.

Plop, plop, plop ... plätschert der Wasserhahn stetig im Takt. Ja, ja, ja ... ich weiß es. Der sollte schon längst mal wieder repariert werden sollen. Aber jetzt stört es mich weniger. Nahtlos fügt sich der Takt des Wassertropfens in den Rhythmus des Weckertickens ein. Hmmm.

Die Fliegen, die munter um die Lampe schwirren, tanzen dazu wild im Kreis.

Plötzlich schaltet sich der Thermostat des Kühlschranks ein. Sonst nervt mich dieses verflixte Geräusch bis ins Mark, und statt des CD-Players hätte ich mir lieber 'nen neuen Kühlschrank zulegen sollen.

(...) Aber im Moment scheint der monotone Bass-Sound gerade richtig zu passen. Brmmm, summ ... Ich schwing mich aus dem Bett und öffne das Fenster. Verschlafen setze ich mich erst mal in den Schaukelstuhl und wippe gemächlich in den Tag. Eine Amsel, vermutlich jeden Morgen dieselbe, beginnt just in diesem Augenblick zu zwitschern.

Aus der Rhythmuscrew meiner Zimmercombo und dem Tirili von draußen webt sich ein schöner Soundteppich.

Nun wird es aber Zeit, das Tagewerk zu beginnen. Ich tanze über meinen „Soundteppich" ins Badezimmer, wo ich auch mit einem Wasserorchester beginne. Mein Bademantel verwandelt sich in den Frack eines Dirigenten und mit der Zahnbürste als Taktstock inszeniere ich die Gurgelarie in BlubberMoll.

Danach heißt es rein in die Klamotten und raus ins pralle Leben. Raus in eine Welt, die voller Klang und Musik ist.

Doch halt, eins darf ich nicht vergessen. Heute nachmittag habe ich eine Gesangsprobe mit meinen Freunden vom ShantyChor. Da brauch ich einen frischen Atem, also noch schnell beim Drogisten vorbeischauen und Halspastillen besorgen. Die guten Pillen von Pastor Heumann ...

(Höffele, Wir wollen Musik erfinden, 1991, S. 74)

Aufgabe

Schreiben Sie eine weitere Geschichte, zu der Sie wie zum Textbeispiel „Ich hab Musik im Kopf" die vorkommenden Geräuschquellen mit der Stimme zum Text begleitend nachahmen können.

Eine Melodie auf einer Singsilbe singen

Singen Sie ein Ihnen bekanntes Lied zunächst mit dem dazugehörigen Liedtext. Anschließend ersetzen Sie den Text durch eine Singsilbe, deren Artikulation gefördert werden soll. Es kann sich um einen Vokal oder um die Kombination Konsonant und Vokal handeln. Jeder Tonhöhe der Melodie wird eine Singsilbe zugeordnet und singend artikuliert.

Wie klingt das Bild? Eine Geräusche-Collage artikulieren

Betrachten Sie das unten dargestellte Bild. Die abgebildeten Gegenstände, die ein Geräusch produzieren, werden ähnlich den Sprechblasen eines Comics neben dem Bild noch einmal in Form von Buchstaben, die das jeweilige Geräusch darstellen können, niedergeschrieben. Möglich ist auch, die „Laute-Blasen" mit Pergamentpapier über dem Bild zu malen. Anschließend wird das Bild lautmalerisch mit verteilten Rollen wiedergegeben.

Ali Mitgutsch: RUNDHERUM IN MEINER STADT
© 1968 by Ravensburger Buchverlag Otto Maier GmbH

Einen Satz in Silben zerschneiden und neu ordnen
Schreiben Sie einen Satz in großen Buchstaben auf einen Streifen Papier. Anschließend zerschneiden Sie die Worte in Silben. Diese werden vermischt und neu zusammengelegt. Legen Sie ein bis mehrsilbige Gebilde nebeneinander entsprechend der ein- bis mehrsilbigen Worte eines Satzes. Lesen Sie die entstandenen bedeutungslosen Silbenkombinationen deutlich artikuliert ab. Als Variante kann der selbe Satz mehrfach zerschnitten und neu gelegt werden. Stellen Sie mit dem Material einen Dialog dar, bei dem sich unterschiedliche Positionen und Gefühlsregungen durch den Tonfall vermuten lassen.

2.4   Erfahrungen und Reflexionen

Im Grundlagenteil wurden inhaltliche Aspekte der Erfahrungs- und Reflexionsschwerpunkte zu musikbezogenen Angeboten erarbeitet. Unter den acht Themenüberschriften können die praktischen Phasen im Unterricht gemeinsam in der Klasse reflektiert werden. Die Überschriften können auch der Strukturierung eines Nachgespräches zu einer didaktischen Einheit dienen. Je nach Angebot wählen die am Gespräch beteiligten Personen, Praktikant, Praxisbetreuer und praxisbetreuender Lehrer, ihre Schwerpunkte am Beispiel einer oder mehrerer Überschriften aus.

Um die Erfahrungen und Reflexionen mit dem Thema „Rhythmus" zu konkretisieren, werden hier einige der im Kapitel beschriebenen Übungen unter der Fragehaltung eines Reflexionsschwerpunktes näher betrachtet. Dabei ist die Betrachtung einer Übung unter ihrem Schwerpunkt als Beispiel zu verstehen, das ein Spektrum von Erfahrungen andeuten will. Es ist die Aufgabe Ihrer Lerngruppe, weitere Reflexionskriterien auf eine musikalische Aktivität anzuwenden.

Musikalisch einfach – musikalisch schwierig?
Erfahrungen mit der Ableitung eines Rhythmus von Körperfunktionen

Aufgabe

> Welche Reaktionen konnten Sie bei sich und bei den anderen Teilnehmern während der Übung von S. 45 und im Anschluss beobachten? Beschreiben Sie Ihre Erfahrungen bei den gemeinsam durchgeführten Übungen, mit denen Sie ausgehend von der Pulsfrequenz verschiedene Rhythmen abgeleitet haben.

Oft sind es die vermeintlich einfachen Dinge, die sich als schwierig erweisen. So sind einige der beschriebenen Schritte vielen Teilnehmern ungewohnt. Bei manchen stellt sich eine Unsicherheit durch Lachen dar, was sich wiederum störend auf den Gruppenprozess auswirkt. Dabei kann die Begegnung mit dem Ungewohnten oder sich in eine ungewohnte Rolle zu begeben, zum heilpädagogischen Alltag gehören. Aber auch eine Sicherheit kann trügerisch wirken: Wenn die Gruppe anfänglich auf einen einfach erscheinenden Rhythmus einfällt, geschieht das mitunter recht lautstark. Zu kräftige Schläge erschweren die Konzentration auf den gemeinsamen Schlag in gleichem Tempo und gleicher Lautstärke. Aus Unsicherheit wird Sicherheit, indem man diesen Vorgang mehrfach probiert. Die Rechtfertigung dieser auch zeitintensiven Übungen ergibt sich aus folgenden Überlegungen: In Ruhe unscheinbare Dinge zu beobachten, sei es am eigenen Körper oder am Körper eines Menschen mit Behinderung, um daraus Schlussfolgerungen z. B. hinsichtlich der Befindlichkeit zu treffen, kann eine heilerziehungspflegerische Aufgabe sein. Stille zu halten, Geduld zu üben und Körperfunktionen zu beobachten sind Tätigkeiten, die manchem neu sind und die der Übung bedürfen. Für die Praxisbeispiele ist es von Wert, in musikalischer Sicht sein Timing, d. h. die Regelmäßigkeit von Anschlägen zu schulen. Man lernt sich und anderen zuzuhören, um die Regelmäßigkeit und die zeitliche Abfolge von Trommelschlägen zu kontrollieren.

Unsicherheit – Sicherheit?
Beim Vorlesen Geräusche mitmachen

Aufgabe

Tragen Sie die Geschichte von S. 68 mehrfach vor und artikulieren Sie die verabredeten Laute. Welche Verbesserungen entstehen und welche Auswirkungen hat das auf die Darsteller?

Bei der Umsetzung der Spielidee wird die Darstellung ungewohnter Rollen zur Verbesserung der Artikulation angestrebt. Eine zögerliche Annahme des Spieles durch die Teilnehmer kann durch ihre Unsicherheit in Hinblick auf ihr Rollenverständnis begründet sein. Die Reduzierung einer spielerischen Rolle auf ein artikuliertes Geräusch ist ungewohnt. Die Tatsache, dass die Gestaltung komische Züge enthält, sollen die Teilnehmer nicht auf ihr persönliches Verhalten zurückführen, sondern auf die ironisch übertriebene Anwendung von Ausdrucksmitteln. Das Gewinnen von Sicherheit und Gefallen an der Spielidee ist eine heilerfolgsorientierte Voraussetzung. Dabei soll die Ausführenden die Kenntnis leiten, dass die Artikulation der Laute bereits eine Form des Musizierens ist. Die Darstellung eines Spannungsbogens, der an Lautstärke und Intensität zu- und abnimmt und die Verdichtung von akustischen Ereignissen im Laufe der Geschichte sind musikalische Merkmale, die jede Instrumentalistengruppe ebenfalls spielerisch umsetzt. Dabei ist die Bedeutung des Adverbs „spielerisch" in zweierlei Hinsicht gemeint, nämlich als Rollenspiel und musikalisches Spielen. Sicherheit im Umgang mit der akustischen Illustration eines Textes kann durch Produktion eigener Texte gewonnen werden. Hier besteht durch die Darsteller die Möglichkeit der Einflussnahme auf die Auswahl von Lauten, die mit ihrem Rollenverständnis zu vereinbaren sind und die der Intention der Sprachförderung entsprechen.

Ablehnung oder Zustimmung zum ausgewählten Musikbeispiel?
Erfahrungen mit der musikalischen Gestaltung von Sitztänzen

Aufgaben

1. Einigen Sie sich in Ihrer Gruppe auf ein bestimmtes Musikbeispiel, zu dem ein Sitztanz entwickelt werden soll und lassen Sie durch eine Kontrollgruppe den Entscheidungsprozess beobachten. Besprechen Sie den Weg, den Ihre Gruppe zur Entscheidungsfindung genommen hat.
2. Tauschen Sie sich im Rahmen Ihres Praktikums mit Menschen mit Behinderung über ihre musikalischen Vorlieben aus und vergleichen Sie diese mit den eigenen Interessen.

Im Prozess der Auswahl eines Musikstückes spiegelt sich die Vielfalt musikalischer Vorlieben der Teilnehmer wider. Die eigene Lieblingsmusik im Interessensmittelpunkt der Gruppe zu wissen und damit die Möglichkeit zum Ausdruck der musikalischen Identität zu haben, kann für Menschen mit eingeschränkten Möglichkeiten zur Selbstdarstellung wichtig sein. Die Funktionalisierung von Musik aus der Sicht des Heilerziehungspflegers zu erfahren heißt, das Musikbeispiel im Kontext seiner Wirkung zu sehen: Gefällt es dem Menschen mit Behinderung? Vermittelt es deutliche Bewegungsimpulse? Dabei können Unterschiede in der Wertschätzung des Musikbeispieles innerhalb der Gruppenmitglieder auftreten, deren Ausdruck auch gruppendynamische Hintergründe hat: Sympathien und Antipathien unter den Teilnehmern werden ausgedrückt durch Zustimmung oder Zurückhaltung zum gewählten Musikbeispiel. Fällt die Durchführung der vorgegeben Bewegungen einigen Teilnehmern schwer, können hier ablehnende Bemerkungen gegenüber der Musik geäußert werden. Eine Standortbestimmung gegenüber dem Klangbeispiel durch den Heilerziehungspfleger verschafft ihm Sicherheit im Auftreten vor der Gruppe: Die eigene Akzeptanz der Musik ist der Schlüssel zum glaubwürdigen Auftreten vor der Gruppe. Das bedingt nicht, die Musik zu mögen oder gar in der Freizeit zu hören, sondern ihre objektiven Auswahlkriterien zu kennen.

Redeanlässe: Schweigen – Reden: Erfahrungen mit Nachgesprächen zur Formen- und Farbengestaltung

Aufgabe

1. Sprechen Sie im Anschluss an die praktische Durchführung von S. 54 mit den Teilnehmern über ihre Eindrücke. Beobachten Sie dabei das Gesprächsverhalten der Teilnehmer.
2. Wie gut waren die Absprachen und ihre Umsetzung durch das Team, das die Bewegungen der Folie steuerte? Entstand für die Betrachter ein zusammenhängender visueller und akustischer Eindruck?

Die visuellen und akustischen Reize beim entspannten Liegen der Teilnehmer unter der Folie sind eindrücklich, denn die bewegten Farben und Formen bedecken weitestgehend das Sichtfeld und man kann seine Ohren vor der Musik nicht verschließen. Für einige Minuten mit den eigenen Eindrücken und Gedanken alleine beschäftigt zu sein, bringt für viele den Wunsch nach Austausch beim anschließenden Beisammensein mit sich.
Ausgeschlossen ist, die Teilnehmer sofort in ihren Alltag zu entlassen, denn die positiven Auswirkungen wie Entspannung und Beruhigung entfalten sich auch noch, wenn Musik und Licht ausgeblendet wurden. Eine mögliche Gesprächsstruktur kann die Elemente Schweigen, Einbringen eines offenen Redeimpulses und Darstellungen der Teilnehmer beinhalten. Die Erfahrung, Zeit mit einer schweigenden Gruppe zu verbringen, bedeutet nicht, dass die Teilnehmer eine ablehnende Haltung gegenüber dem Angebot einnehmen, sondern vielmehr, dass sie noch voll von Eindrücken sind. Die Eindrücke anschließend als Gesprächsanlass zu nutzen, bedeutet, dass aus der rezeptiv orientierten Übung produktive Aktivitäten erwachsen. Das kann den offenen Austausch über Träume und Vorstellungen beinhalten, die die Menschen mit Behinderung erlebt haben. Das Gespräch kann auch über Methoden der Assoziationslenkung, z. B. der Erinnerung an zurückliegende Stimmungen und Ereignisse gesteuert werden. Hier können Musikbeispiele, die im Zusammenhang der Biographie des Teilnehmers stehen, konkrete Erinnerungen auslösen.

Musikalische Zeiterfahrung:
Kommt es den Spielern kurz oder lang vor? Erfahrungen beim gemeinsamen
Trommeln

Aufgabe

1. Beschreiben Sie ihr subjektives Zeitempfinden: Wann kommen Ihnen Handlungen lang, wann kurz vor? Steht Ihre Zeitempfindung in einer Beziehung zum Inhalt der Handlung?
2. Welches Zeitmaß erleben Sie beim gemeinsamen Trommelspiel? Können Sie bei weiteren Trommelrunden eine zunehmende Ausdauer an sich beobachten?

Das Erfahrungsfeld beim gemeinsamen Trommeln liegt bei den Teilnehmern zwischen dem Vergessen der äußeren und zeitlichen Umstände und der inneren Frage, wie lange die Übung noch dauern mag. Das gilt beim Trommeln im Klassenverband gleichermaßen wie bei den Teilnehmern der musikalischen Aktivität in einer Einrichtung der Behindertenhilfe. Die situativen Unterschiede sind die, dass sich im Rahmen eines Angebotes die Menschen mit Behinderung freiwillig zum Trommeln treffen und dass ein intensiveres kompensatorisches Bedürfnis nach rhythmischer und körperlicher Betätigung bestehen kann. Die Intensität eines musikalischen Erlebnisses muss allerdings nicht zwingend von seiner zeitlichen Dauer abhängen. Im Rahmen der schulischen Ausbildung werden nicht nur Erfahrungen im Umgang mit dem Instrument gemacht, sondern auch mit Perspektiven und Grenzen der individuellen zeitlichen Ausdauer. An die Gestaltung einer Trommelrunde sind keine formalen Bedingungen geknüpft, es besteht daher keine Notwendigkeit, das Spiel zu unterbrechen. Hier liegen die Unterschiede zum Singen eines Liedes, das mit den ersten Tönen der Teilnehmer beginnt und nach der letzten Strophe beendet ist. Um sich musikalisch in das Trommelspiel einzufinden, braucht man ein Zeitmaß, das von der Tagesform und äußeren Umständen bestimmt sein kann.

3 Die Melodie

◆ Der Rattenfänger von Hameln brachte der Sage nach Unheil über die Bürger der Stadt. Tragen Sie seine Geschichte zusammen und überlegen Sie, warum die Flöte als Melodieinstrument eine bedeutende Rolle gespielt hat.

◆ Betrachten Sie den abgebildeten Flötenspieler. Wie ist er dargestellt? Welche musikalische Wirkung könnte von seinem Melodiespiel ausgehen?

◆ Welche Bandbreite von Gefühlen können Melodien, z. B. die von Liedern, dem Sänger oder Spieler und den Zuhörern vermitteln? Berücksichtigen Sie auch typische Lieder zu bestimmten Anlässen und Feiertagen.

◆ Benennen Sie Melodieinstrumente und überlegen Sie, bei welchen Instrumenten der Kontakt zwischen Spieler und Instrument am engsten ist. Welche Auswirkungen hat ein enger Kontakt des Spielers zum Instrument auf die Zuhörer?

◆ Beobachten Sie Menschen mit und ohne Behinderung. Welche Melodien artikulieren sie? Welche emotionalen Zustände offenbaren sie durch ihre Darstellung?

3.1 Theoretische Grundannahmen

3.1.1 Orte der Begegnung mit Melodien: Musik und Sprache

Aufgabe

Wo begegnen Ihnen Melodien? Durch welche Instrumente oder technische Mittler werden sie dargestellt? Aus welchen Anlässen werden diese Melodien gespielt und gehört?

„Die Melodie" meint eine bestimmte Abfolge von Tonhöhen. Sie ist hinsichtlich ihrer zeitlichen Ausdehnung begrenzt und hat einen Anfang und ein Ende.

Rhythmus und Klang hingegen können zeitlich ausgedehnt sein, ohne dass der Zuhörer das Gefühl erfährt, hier müsse ein Ende erreicht werden. *Die* Melodie ist eine einmalige Tonfolge. In vielen Musikrichtungen sind Melodien mit einem Namen bezeichnet, wie z.B. in zahlreichen Volksliedern und anderen populären Musikrichtungen. Dort, wo Melodien mit einem Text verbunden sind, spricht man von Liedern. Lieder werden durch das naheliegendste aller Melodieinstrumente, mit der menschlichen Stimme wiedergegeben.

Aufgabe

Welche Melodien kennen Sie? Handelt es sich hierbei um zu singende Lieder oder andere melodische Ausdrucksformen?

Melodien sind oft durch weitere Instrumente in einen musikalischen Zusammenhang gebettet. In den Arrangements von populären Musikrichtungen können sie dadurch in ihrem Ausdruck unterstützt oder auch reduziert werden. Durch die Allgegenwärtigkeit von technischen Mittlern begegnen uns Melodien überall. Diese Übersättigung von Eindrücken kann bei den Zuhörern zur Beeinträchtigung des musikalischen Erlebens führen. Melodien in Liedern begegnen uns zu feierlichen Anlässen, bei denen sie den nötigen emotionalen Gehalt vermitteln. Darunter fallen kirchliche wie weltliche Feste, wo sie beispielsweise zur Meditation beim Gottesdienst oder zur Vermittlung einer positiven Stimmung bei einer Geburtstagsfeier genutzt werden. Die stimulierende Wirkung von Melodien verbreitet sich sowohl im Kaufhaus als auch bei monotonen Arbeiten.

Die Sprachmelodie beschreibt den Tonfall und die Artikulation des Sprechenden. Die Tatsache, dass wir sprachliche Merkmale mit Begriffen darstellen, die auch bei Melodien verwendet werden, weist auf einen evolutionären Zusammenhang zwischen der Bildung von Lauten und dem Singen von Melodien hin. Wir sprechen von Betonungen, wenn wir Hervorhebungen im Satz meinen und von einem Tonfall, wenn wir eine mitschwingende emotionale Aussageabsicht wie z.B. Trauer oder Ärger im Satz verstehen. Die Länge von Satzteilen und die Länge von Melodieteilen stehen ebenfalls im Zusammenhang zur Dauer der Ausatmung beim Sprechen oder beim Singen. Auch für Musikinstrumente die längere Melodien spielen können, weil sie nicht an die Ausatmung gebunden sind, schaffen Komponisten nur in seltenen Fällen Melodien, die über die Länge eines Atemzuges hinausgehen. Offensichtlich ist die Länge von sprachlichen und melodischen Aussagen auch an der Aufnahmefähigkeit und an der Möglichkeit zur Strukturierung in Sinnabschnitte durch das menschliche Gehirn orientiert. Beim Hören eines sprachlichen oder melodischen Vortrages brauchen wir Einschnitte, um uns zu orientieren.

Das Gespräch über die Melodie und darüber, was sie im Zuhörer bewegt, ist schwieriger als die Verständigung über eine Textstelle. Um eine gemeinsame Gesprächsebene sicher zustellen, nennt man eine Melodie beim Namen, stellt einen Melodieverlauf singend dar oder bezieht sich auf den Interpreten der Melodie. All diese Darstellungsformen sind unvollständig und bauen darauf, dass der emotionale Gehalt der Melodie dem Gesprächspartner bereits vorliegt. Eine sprachliche Aussage hingegen kann sofort auf ihren sachlichen Gehalt hin diskutiert werden. Das Ausdrucksvermögen von Melodien ist vielschichtig und der Blick auf ihre Bauarten und Wirkungen soll das Verständnis für diese Mitteilungsform vertiefen.

Aufgaben

1. Der Erwerb einer neuen CD kann einen Gesprächsanlass über die darauf enthaltende Musik bieten. Wie bringen Sie die zu hörenden Melodien in das Verständnis Ihrer Gesprächspartner? Summen Sie diese Melodien beispielsweise vor. Aus welchem Grund wählen Sie eine bestimmte Darstellungsform?
2. Wie genau wird die Melodie im Zusammenhang des Gespräches wiedergegeben? Welche Fähigkeiten müssen angelegt sein, um sie darzustellen?

3.1.2   Bauarten: Strukturen der Melodie

Erscheinungsbild der gesamten Melodie

Die Länge vieler Melodien ist an den Umfang des Atemflusses gebunden. In diesem zeitlichen Rahmen ordnen sich einzelne Tonhöhen zu Auf- und Abwärtsbewegungen. Diese Bewegungsrichtungen der Melodie werden als ihre Kontur bezeichnet und sind für die Wiedergabe der Melodie ein wichtiges Merkmal.

„Beim Wiedererkennen oder Singen von Melodien orientieren wir uns vorwiegend an den typischen Aufwärts- und Abwärtsbewegungen einer Melodie. Auch wenn die einzelnen Töne einer Melodie nicht genau stimmen, können wir Melodien erkennen, wenn die melodische Kontur einigermaßen stimmt. Bereits im ersten Lebensjahr können Säuglinge Melodien mit verschiedenen Konturen unterscheiden, während sich das Gefühl für die richtigen Abstände der einzelnen Töne, der Tonalität, erst ein paar Jahre später entwickelt."
(Gembris, Wirkungen von Musik, 2002, S. 13)

Viele Melodien stellen in der gesamten Anlage einen Wechsel zwischen einem Spannungsaufbau und seiner Auflösung dar. Ihre Kontur ist dann z. B. als eine Folge gegensätzlicher Bewegungsrichtungen wie sich auf- und abwärts bewegende Tonfolgen beschreibbar. Eine Spannungsauflösung wird dann empfunden, wenn der Melodieverlauf zu einer Tonhöhe zurückkehrt, die in einer Beziehung zum Ausgangston des ersten Taktes steht. Auftakte, die Töne vor dem ersten vollständigen Takt, sind in diesem Zusammenhang Anstöße zur Ingangsetzung des melodischen Flusses. Musiker bezeichnen einen derartigen Spannungsverlauf als musikalischen Bogen und drücken ihn durch die Intensität ihrer Spielweise aus.

Aufgaben

1. Zeichnen Sie hörend die Kontur der ersten vier Takte des Liedes nach. Hören Sie sich dazu die Melodie einige Male an, summen Sie sie nach und zeichnen Sie dann den Melodieverlauf auf. Vergleichen Sie anschließend die Kontur mit dem Notentext.

2. Spielen Sie die Melodie auf einem Instrument Ihrer Wahl. Gestalten Sie den Melodieverlauf dabei als einen musikalischen Bogen, indem Sie die Töne langsam und gleichmäßig spielen, sie eng zusammen fügen und zur Melodiemitte hin die Lautstärke etwas ansteigen lassen.

Es ist ein Schnee gefallen   T. und M.: volkstümlich

Es   ist ein Schnee ge - fal - len und es ist doch nit Zeit: Man

wirft mich mit dem Bal - len, der Weg ist mir ver - schneit,   man

wirft mich mit dem Bal - len, der   Weg ist mir ver - schneit.

2. *Mein Haus hat keinen Giebel,*
   es ist mir worden alt.
   Zerbrochen sind die Riegel,
   mein Stübelein ist mir kalt.

3. *Ach Lieb, laß dichs erbarmen,*
   daß ich so elend bin,
   und schleuß mich in dein Arme:
   so fährt der Winter hin.

© Kiepenheuer und Witsch, Köln

3. Melodiepuzzle: Die folgenden Melodien aus Liedern sind in ihrer Mitte geteilt. Ordnen Sie den Melodieanfängen ihre Fortsetzung durch die richtige Notenzeile aus der rechten Spalte zu. Verschaffen Sie sich zunächst eine musikalische Vorstellung der Tonfolgen, indem Sie sie vorspielen lassen und nachsummen. Treffen Sie anschließend Zuordnungen: Suchen Sie nach rhythmischen oder melodischen Entsprechungen, nach Gegensätzen, berücksichtigen Sie die Proportionen beider Teile usw.

Als ich wie ein Vogel war
   M: T. Schappe; T: G. Pannach

Die güldene Sonne
   M: J. G. Ahle; T: P. v. Zesen

Es fiel ein Reif in der Frühlingsnacht
   M. und T.: überliefert

4. Spielen Sie eine Ihnen bekannte Melodie und verändern Sie bei der Wiederholung ein melodisches Detail der Kontur: Ein Mitschüler spielt der Gruppe vor und lässt, z. B. einen Ton aus, verdoppelt einen Ton oder ersetzt einen Ton durch einen anderen Ton. Die Zuhörer zeigen diese Stellen an.

Unterteilungen: Wiederholung und Intervall

Vom einfachen Lied bis zum Satz aus einer Symphonie lassen sich Musikstücke als eine Aneinanderreihung von Melodien betrachten. Diese Melodien können in vielfältigen Beziehungen zueinander stehen. Aus den verschiedenen Formen melodischer Entwicklungen werden an dieser Stelle zwei Formen der Unterteilung näher betrachtet:

Die **Wiederholung** einer Melodie ist für den Prozess der Aneignung des Musikstückes bedeutsam. Beim Wiederhören eines Musikstückes erinnert man sich zuerst an die Melodien, die mehrfach gespielt werden. Wiederholungen bieten dem Zuhörer Orientierung in einem längeren Musikstück. Der Zustand der emotionalen Erregung beim Wiedererkennen einer beliebten Melodie lässt sich nicht unendlich oft herbeiführen, an einem bestimmten Zeitpunkt erfährt der Zuhörer eine Sättigung. Bei der Erarbeitung eines Musikstückes mit der Stimme oder dem Instrument hat die Wiederholung eine zeitökonomische Bedeutung. Oft sind es nur wenige Melodien, die vom Spieler erlernt werden müssen, um ein ganzes Stück spielen zu können. Beim Spielen von Ostinatos, d. h. von sich ständig wiederholenden kurzen Melodien, kann ein musikalisch nicht vorgebildeter Spieler über einen längeren Zeitraum musizieren. Strophe und Refrain eines mehrstrophigen Liedes sind ebenfalls Wiederholungen gleicher Melodien, bei denen sich in den Strophen lediglich der Text ändert.

Aufgaben

1. Hören Sie einer Musik zu, z. B. einem aktuellen Stück der Pop – Musik und zählen Sie die Wiederholungen von Melodien. Bezeichnen Sie anschließend die Teile des Stückes mit den Begriffen Strophe und Refrain.
2. Welche Bedeutung haben die Wiederholungen für das Erleben der Musik? Stellen Sie einen Zusammenhang zwischen den Wiederholungen von Melodieteilen und ihrer Wertschätzung dieser Teile her. Ab wann bewirken Wiederholungen einen Überdruss? Welche Beobachtungen machen Sie in dieser Hinsicht in Einrichtungen der Jugendhilfe und der Behindertenhilfe?
3. Kennzeichnen Sie gleiche und ähnliche Melodieteile in folgendem Lied durch Unterstreichungen. Welche Konsequenzen ergeben sich aus ihren Beobachtungen für die Liederarbeitung? Versuchen Sie das Lied danach auf einer Singsilbe[1] zu erlernen und fügen Sie anschließend den Text hinzu.

---

[1] Singsilben sind bedeutungsfreie Laute wie „don", „na" usw., die eine singende Darstellung einer Tonhöhe ermöglichen, ohne dass der Sänger den Liedtext kennen muss.

Gerhard Gundermann: Macht ja nischt   T.: G. Gundermann, M: G. Gundermann

Strophen

guck-ma guck-ma   is denn noch-n schluck da   die letz-ten hän-ger
ge-ben ei-nen aus   rück-ma rück-ma da hatt-mer ja noch glück wa
na-sen-blut ver-lo-ren   der rotz hängt um die oh-ren die
bäu-che kahl-ge-scho-ren   und die luft ist raus hey

Refrain

das macht ja nischt das macht ja nischt das
wird ja wie-der ab-ge-wischt und dann kommt li-no-le-um druff.

© Buschfunk Musikverlag, Berlin

Die einzelnen Bestandteile einer Melodie sind ihre verschiedenen Tonhöhen. Als kleinster melodischer Baustein stellt sich die Abfolge zweier Töne dar. Den Unterschied in der Tonhöhe von einem Ton zum Nachbarton bezeichnet man als **Intervall**. Die Wiederholung einer Melodie ist somit die Wiederholung der gleichen Intervallfolge im vorgegebenen Rhythmus. Innerhalb des Tonumfanges von acht Tönen, der Oktave in der diatonischen Tonleiter, lassen sich sieben verschiedene Grundintervalle bilden, die hörend eindeutig von einander zu unterscheiden sind. Diese Intervalle werden mit den Namen Sekunde (vom Ton zum Nachbarton), Terz (vom ersten Ton zum dritten Ton), Quarte (zum vierten Ton), Quinte (zum fünften Ton), Sexte (zum sechsten Ton), Septime (zum siebten Ton), Oktave (zum achten Ton, dieser Ton hat den gleichen Namen wie der Grundton) benannt.

Übungen

1. Schreiben Sie die sieben möglichen Kombinationen der Grundintervalle mit Notennamen und ihrer Intervallbezeichnung auf. Gehen Sie dabei vom Ton C aus. Spielen Sie anschließend die Intervalle mit einem Stabspiel, indem Sie beide Töne mehrfach gleichzeitig oder nacheinander anschlagen.

2. Variante: Wiederholen Sie auf dem Stabspiel einen bestimmten Ton. Nach einiger Zeit verlassen Sie diesen Basiston um den Abstand eines bestimmten Intervalls und kehren danach zum Ausangston zurück.
3. Versuchen Sie auf der Grundlage beider Übungen die Intervalle singend auf einer Silbe darzustellen.
4. Finden Sie durch Probieren heraus, mit welchen Intervallen Ihnen bekannte Lieder beginnen. Suchen Sie in verschiedenen Quellen nach den Noten dieser Lieder und beginnen Sie mit dem dort angegebenen ersten Ton. Vielleicht können Sie die Melodie fortsetzen. Vergleichen Sie anschließend Ihre Tonfolge mit dem Notentext.
5. Welchen räumlichen Abstand haben die Hände beim Spiel eines bestimmten Intervalls? Gehen Sie (ohne Stabspiel) in die Anschlagsposition beider Hände bei verschiedenen Intervallen.

Aufgaben

1. Welchen Höreindruck vermitteln Ihnen ausgewählte Intervalle? Beschreiben Sie den Ausdruck der Intervalle, deren Klang Ihnen charakteristisch zu sein scheinen.
2. Ordnen Sie die folgenden Begriffe dem Ausdruck bestimmter Intervalle zu: Spannung – Konflikt – Harmonie – Leere – Streit – Aufbruch – Erwartung – Reibung – Beruhigung – Antrieb – Melancholie
3. Welche weiteren charakteristischen Begriffe für den Ausdruck der Intervalle lassen sich finden?
4. Welche Grundintervalle können Sie nach einiger Übezeit hörend benennen? Stellen Sie sich gegenseitig Höraufgaben.

3.1.3 Methoden der Aneignung von Melodien

Lesarten der traditionellen Notenschrift

Notensystem mit Stammtönen c' – a"

Tonhöhen werden mit Notennamen bezeichnet, die den Buchstaben des Alphabetes entnommen sind. Töne werden zu Noten, wenn sie je nach Tonhöhe in ein System aus fünf Notenlinien, ihren Zwischenräumen und Hilfslinien notiert werden.

Die Versetzungszeichen # (Kreuz) und b (B) erweitern das notierte Tonmaterial um die jeweils zwischen zwei Tönen liegenden Halbtonschritte. Ein versetzter Ton wird durch die Erhöhung um einen Halbtonschritt durch das # erreicht oder vom darüberliegenden Ton durch Erniedrigung der Tonhöhe durch das b. Die Namen dieser Töne werden nach ihrer Ableitung vom Ausgangston (Stammton) und der Endung ‚is' (beim #) oder ‚es' (bei b) benannt und lauten: cis / des, dis / es, fis / ges, gis /as, ais / b. Die Bildung der Tonnamen es, as, b weicht von der genannten Regel ab.

Der einzelne Ton kann aufgrund seiner Position und seinem Vorzeichen im Notensystem als Buchstabe gedeutet und auf einem Instrument in einen klingenden Ton umgesetzt werden. Die Klangplatten der Stabspiele weisen häufig diese Buchstaben auf und erleichtern so eine Darstellung der Töne. Chromatische Stabspiele – das sind Instrumente, die über den Tonvorrat sämtlicher Tonschritte verfügen – tragen auch die Namen der versetzten Tonhöhen. Diese Methode der Bestimmung einzelner Töne ist ein Hilfsmittel, denn die Darstellung einer durch ein Notensystem definierten Buchstabenfolge ergibt noch keine Melodie. Der einzelne Ton ist immer in den melodischen Zusammenhang einer Tonfolge gebettet. Unser Empfinden für die Richtigkeit des Einzeltones im melodischen Fluss ist vielmehr geprägt durch unsere jahrelang geprägte Hörerfahrung als durch die Frage, ob die Einzelnote mit dem richtigen Buchstaben auf das Instrument übertragen wurde.

Die Intervalle geben neben ihrer charakterbildenden Eigenschaft innerhalb der Melodien Aufschluss bei der lesenden Erfassung von notierten Melodien. Bei der Darstellung einer Tonfolge orientiert sich der Spieler entlang der melodischen Linie an den Abständen zwischen zwei Tönen. Man unterscheidet bei dieser Methode zur Erfassung von Melodien die Tonwiederholung, den Tonschritt und den Tonsprung.

Tonwiederholung
Der Folgeton ist der selbe wie der erste Ton. Um den Ton ein weiteres Mal zu spielen, muss er nicht mehr als Notenname gedeutet werden.

Tonschritt
Der Folgeton erhöht oder erniedrigt sich gegenüber dem Ausgangston um einen Ton. Um den am Instrument benachbarten Ton umzusetzen, muss er aufgrund dieser auf Anhieb lesbaren Information ebenfalls nicht als Notenname erfasst sein.

Tonsprung
Tonhöhenunterschiede um mehr als einen Ton werden hinsichtlich ihres Tonabstandes genauer geprüft, eventuell muss hier der Name des Folgetones bestimmt werden.

Diese Lesart erleichtert die instrumentale Darstellung von Melodien. Neben der Bestimmung von einzelnen Tönen als Tonbuchstaben gibt die Kontur der Melodie Auskunft über ihren Verlauf: Die Richtigkeit von Tonhöhen wird durch den Zusammenhang der Melodie erlebt. Je nach Ausbildungsstand des Spielers wird beim Musizieren eine Kombination aus beiden Lesarten durchgeführt.

Aufgaben

1. Kennzeichnen Sie bei folgendem Lied die Tonwiederholungen, Tonschritte und Tonsprünge durch farbige Verbindungslinien der Einzeltöne. Inwiefern erleichtert sich dadurch die Darstellung der Melodie am Instrument?
2. Welche Stellen der Melodie sind schwieriger zu spielen, welche gelingen einfacher? Üben Sie die Melodie, indem Sie die schwierigen Stellen häufiger spielen.
3. Befragen Sie einen Musiker, wie er eine notierte Melodie auf seinem Instrument umsetzt.

M.: Thomas Triz; T.: Theodor Kramer

1. Woher soll das Brot für heute kommen,
   wenn ich keine Arbeit finden kann;
   andre wissen nicht, wie davon essen,
   doch ich darf mich nicht einmal vermessen,
   sie zu suchen wie ein andrer Mann.

2. Woher soll die Ruh' zu Abend kommen,
   wenn man jederzeit sie stören kann;
   jede Stunde können sie mich holen,
   und mir krümmen sich im Bett die Sohlen,
   läutet es und ist's nur nebenan.

3. Woher soll der Mut für morgen kommen,
   wenn ich mir ihn gar nicht denken kann;
   gegen nichts vermag ich mich zu wehren,
   denn seit langem leb' ich genz im Leeren
   und ich streif' nur an den Möbeln an.

4. Woher soll aus mir die Liebe kommen,
   wenn ich doch zu keinem gut sein kann;
   Brot und Ruhe sind zum Leben wichtig,
   und mein eignes ist seit langem nichtig,
   aber Liebe not tut jedermann.

Welche Form der Notation soll man bei der Darstellung von Melodien nutzen?

Um Melodien aufzuschreiben und wiederzugeben, lassen sich die traditionelle, eine farbige oder eine symbolische Notation nutzen (vgl. Kapitel 1.2.2). Sie stellen die Tonhöhen in der erforderlichen Genauigkeit dar. Unser Gehör erkennt zwar eine Melodie trotz einer Verstimmung des Instrumentes, eine geänderte Tonhöhe in einer bekannten Melodie wird jedoch nicht toleriert und als Fehler erkannt. Die genannten Notationsformen unterscheiden sich in der Darstellungsfähigkeit von Tonlängen. Nur mit Hilfe der traditionellen Notation werden Notenwerte genau wiedergegeben.

Ob beim Musizieren überhaupt eine Form der Notation gebraucht wird, hängt von den musikalischen Zielsetzungen und den Bedingungen der musizierenden Gruppe ab. Entscheidungshilfen für den Heilerziehungspfleger und Heilpädagogen sind folgende Fragestellungen:

Wird eine musikalisch freie Gestaltung angestrebt oder möchten die Spieler ein konkrete melodische Vorgabe, etwa ein Lied, darstellen? Die Improvisation benötigt nicht die Vorgabe einer notierten Melodie. Noten beeinträchtigen den spontanen musikalischen Schaffensprozess. Hilfestellungen für diese Form der Melodiebildung bestehen in der Präparierung der Instrumente hinsichtlich des zu verwendenden Tonvorrates.

Wollen die Spieler eine vorgegebene Melodie erarbeiten, gibt der Melodieverlauf Auskunft über mögliche Hilfestellungen durch Noten: Kommen zahlreiche Tonschritte und Tonwiederholungen vor, bedürfen diese weniger der aufgeschrieben Darstellung als die Teile der Melodie, die in Form von Tonsprüngen bestehen. Tonschritte und Tonwiederholungen erschließen sich den Spielern häufig schon hörend. Bei anspruchvollen melodischen Passagen ist zu prüfen, ob sie nicht durch eine Vereinfachung, einem Eingriff in den Melodieverlauf (Reduktion), spielbar gemacht werden.

Teilnehmer ohne Notenkenntnisse können durch eine Differenzierung der Gruppe entsprechend ihrer individueller Fähigkeiten an der Gestaltung beteiligt werden. Ihnen werden Melodieteile übertragen, die sie nach individueller Anleitung spielen können. Hier besteht die Möglichkeit, einfache Teile mitzuspielen und an den schwierigen Stellen zu pausieren. Alternativ können kurze neue Melodieteile in Form von regelmäßig wiederholten Figuren als Begleitung der Melodie entwickelt werden. Dazu gehören Tonfolgen, die sich aus den Begleittönen und weiteren passenden Tönen herleiten lassen. Sie sind hinsichtlich jeder musikalischen Fähigkeit zu finden und werden nicht notiert.

Entscheidungen hinsichtlich der Nutzung von Notationen sind bestimmt von den Fähigkeiten der Gruppenmitglieder. Die traditionelle Notenschrift beruht auf anspruchsvollen Vereinbarungen, deren Kenntnis oft an eine musikalische Vorbildung gebunden ist. Musikalische Voraussetzungen einer Gruppe bestimmen die Frage, wie schnell ein Melodieverlauf hörend erfasst und wiedergegeben werden kann. Sie führt zu Überlegungen, ob z. B. die Notierung des Anfanges einer Melodie bereits ihre Umsetzung ermöglicht.

Wenn sich die Nutzung einer Notation als notwendig herausstellt, haben instrumentale Voraussetzungen Einfluss auf die Form der visuellen Orientierung: Es ist zu prüfen, ob sich beispielsweise Farben, Symbole oder Buchstaben auf den Tönen des Instrumentes wieder finden oder ob der Spieler sich ohne Markierungen auf dem Instrument zurecht findet.

Aufgaben

Die Teilnehmer einer fiktiven Gruppe mit unterschiedlichen musikalischen Voraussetzungen wollen das Lied „Woher soll das Brot für heute kommen?" erarbeiten.
1. Entwerfen Sie ein Profil der Gruppenmitglieder hinsichtlich ihrer musikalischen und behinderungsbedingten Voraussetzungen.

2. Welche Methoden der hörenden und visuellen Vermittlung treffen Sie hinsichtlich Menschen mit Behinderung? Beziehen Sie sich auf die oben genannten Möglichkeiten wie Vereinfachungen, Differenzierungen und Notierungen.

3.1.4   Wirkungen

Melodien sprechen ihre Zuhörer unterschiedlich intensiv an. Ihre Wirkungen unterliegen dem individuellen Musikgeschmack und den Fragen, wie oft und in welchen Situationen sie gehört wurden. Jede emotionale Wirkung beim Zuhörer durch das Hören einer Melodie hat ihren Ursprung in der Erstbegegnung mit dem Musikstück. Das kann eine Musik sein, die im Radio oder im Konzert erklingt, die man auf einem Instrument erstmalig gespielt hat oder vorgetragen bekommt. Häufig macht man dabei die Erfahrung, dass das erste Hören den Ausdruck der Melodie noch nicht vermittelt. Erst wiederholte Begegnungen führen zu einem emotionalen Verstehen der Melodie.

„Um das Phänomen des Fesselns erklären und das Finden einer eigenen Melodie beschreiben zu können, muss hier nochmals auf die spezielle Bedeutung der Wiederholung eingegangen werden. Die Wiederholung ist zuerst einmal das Grundmerkmal alles Rhythmischen. Sie hängt jedoch mit dem Reich der Melodien zusammen wie die Blätter eines Baumes mit seinen Ästen. Es gibt kaum eine Volksmelodie, welche in ihren Teilen nicht eine Wiederholung aufweist, abgesehen davon, dass ja die Strophen eines Liedes lauter Wiederholungen der Melodie mit einem anderen Text sind. Wiederholen heißt bewusstes Wiederbenützen von etwas Wertvollem, das Wiedererleben von etwas Wichtigem.“
(Hegi, Improvisation und Musiktherapie, 1993, S. 113)

Aufgaben

1. Beschreiben Sie Ihren Weg der Aneignung einer Melodie von der Erstbegegnung bis zu ihrer intensiven Erfahrung. Welche Umstände haben diese Wertschätzung ermöglicht? Wie häufig mussten Sie diese Melodie „wiederholen"?
2. Stellen Sie (schriftlich) Ihre „Schatzkiste" zusammen, in der Melodien von Musikstücken lagern, die Ihnen wertvoll erscheinen. Warum mögen Sie diese Melodien besonders?
3. Kennen Sie Menschen mit Behinderung, die ein bestimmtes Musikstück oder eine bestimmte Melodie besonders mögen? Woran bemerken Sie diese Vorliebe? Welche positiven Auswirkungen sind Ihnen sichtbar?
4. Was ist ein „Ohrwurm"? Beschreiben Sie die Wirkungen von Melodien, die Ihnen für einige Zeit nicht aus dem Kopf gehen. Wie entsteht diese intensive Wirkung und wie lange hält sie an?

Durch die Vorliebe für eine bestimmte Melodie drückt derjenige, der sie darstellt, aus, was er meint. Häufig sind melodische Mitteilungen, die nach innen gerichtet zu sein scheinen, auch für die Mitmenschen bestimmt: Das Pfeifen oder Summen einer Melodie im Beisein Anderer, das Hören eines Musikstückes aus einem vorbeifahrenden Auto, die Musik, die aus der Tür eines Zimmers in einer heilpädagogischen Einrichtung erklingt, stellen Situationen dar, in denen die Zuhörer verborgene Mitteilungen verstehen können.

„Melodien haben Individualität und persönliches Profil. Sie gestalten die inneren Bewegungen und betonen die aktuelle Meinung. Sie formulieren Vorlieben und wandeln ein Thema ab. Sie behandeln Motive und spielen mit Figuren. Sie laufen einem nach und fallen einem ein. Sie erinnern."
(Hegi, Komponenten, 1996, S. 179)

Aufgaben

1. Konkretisieren Sie die im Zitat genannten Begriffe jeweils hinsichtlich eines musikalischen Beispieles: Welche Melodie in einem Musikbeispiel kann Individualität ausdrücken? Welche löst innere Bewegung aus? Wie kann eine Meinung durch eine bestimmte Melodie unterstrichen werden?
2. Beobachten Sie die Menschen in ihrer Umgebung. Welche Melodien geben sie von sich? Welche Rückschlüsse auf den emotionalen Zustand der Darsteller lassen sich vermuten?
3. Welche melodischen Darstellungen führen Sie selbst aus? Sind Ihnen beispielsweise gepfiffene Melodien immer bewusst? Was teilen Sie mit, wenn Sie beiläufig eine Melodie nach außen tragen? Stellen Sie – wenn Sie das wollen – die Melodie in Zusammenhang zu ihrer persönlichen Befindlichkeit.
4. Wo emotionale Selbstaussagen aufgrund von Behinderung oder psychischer Erkrankung nicht in Worten vermittelt werden, können ein gewähltes Musikbeispiel oder ein gesungenes Lied zu einer Aussage werden. Welche Aussagen von Menschen mit Behinderung können Sie sich vorstellen, welche haben Sie bereits beobachtet?

Die assoziierende Wirkung von Melodien ist eng mit äußeren Anlässen und Absichten verbunden. Kirchliche Feste wie Weihnachten haben einen umfassenden Kanon an Melodien, die in der Lage sind, bestimmte mit dem Fest verbundene Emotionen zu anzuregen. Melodien werden als Schlaf- und Wiegenlieder in einer Funktion verwendet, deren Wirkung für Kinder beruhigend und einschläfernd ist. Das Image eines bestimmten Produktes wird bei der Musik in der Werbung durch den musikalischen Eindruck einer Melodie signalisiert. Bereits das Erklingen der Melodie in einer anderen Situation lässt die Zuhörer eher an den Namen des Produktes als an den Namen der Melodie denken. Bezogen auf die Erinnerungen des einzelnen Menschen, aktiviert das Erklingen einer Melodie die emotionale Erfahrung eines bestimmten Ereignisses, das im Zusammenhang mit der Melodie erlebt wurde. Diese Erinnerung ereilt uns unmittelbar, sie betrifft uns. Die erinnernde Wirkung von Melodien ist in derartigen Zusammenhängen direkter als eine mit Worten angeregte Erinnerung. Dieser Ausdruck, der sich im Menschen niederschlägt, kann mit Worten nicht hergeleitet werden. Die Nennung des Titels der Melodie oder ihr zugehöriger Text bleiben ohne emotionale Wirkung der Ausdruck einer Melodie kann nur durch sie selbst vermittelt werden.

Aufgaben

1. Belegen Sie die genannten assoziierenden Wirkungen mit Beispielen von entsprechenden Melodien.
2. Wie unterscheidet sich in Verbindung mit einer wechselnden Situation die Wirkung einer bestimmten Melodie?
3. Überlegen Sie, welche Melodien Sie gezielt einsetzen können, um bestimmte Wirkungen bei Menschen auszulösen. Wie würden Sie vorgehen?

3.2   Praktische Umsetzung – Übungen zur Selbsterfahrung

3.2.1   Intonationsübungen – Vokal und Instrumental

Die musikalischen Fähigkeiten zur Darstellung der richtigen Tonhöhe werden seit der frühen Kindheit entwickelt und sind im Erwachsenenalter bei vielen Menschen im Zusammenhang ihrer musikalischen Sozialisation weitestgehend angelegt. Den richtigen Ton mit der Stimme oder dem Instrument zu treffen, setzt voraus, ihn zunächst zu hören. Das Singen eines Liedes in einer Gruppe erfordert die Abstimmung der eigenen Tonhöhe mit der der anderen Teilnehmer. Um einen in den Melodieverlauf passenden Ton einzubringen, bedarf es weiterhin der inneren Vorstellung dieses Tones, bevor er dargestellt wird. **Zuzuhören**, sich den eigenen Ton **vorzustellen** und **darzustellen** ist die Kette der Handlungen, mit der die Bildung der einzelnen Töne einer Melodie in ihrer richtigen Tonhöhe geübt werden kann.

Aufgabe

Informieren Sie sich im Fach Biologie/Gesundheitslehre über Bauweise und Funktion des Hörapparates.

Übungen

1. Zwei eng beieinander liegende Tonhöhen werden nacheinander gehört und verglichen: Wo befinden sich der tiefer und der höher klingende Ton? Summen Sie sich dazu beide Töne vor und entscheiden Sie.
2. Jeder singt seinen tiefsten Ton. Auf ein Zeichen singen die Teilnehmer aus dieser Tonlage zu einem vorher festgelegten Ton in mittlerer Tonhöhe hin.
3. Vokalteppich: Auf dem Rücken liegend stellt sich jeder eine individuelle Tonhöhe vor und singt diese auf einem Vokal in den Raum. Versuchen Sie, die Tonhöhe für einige Sekunden zu halten. Hören Sie jeweils in den Raum hinein: Welche Tonhöhe und auf welchem Vokal singt Ihr Nachbar? Bilden Sie einen anderen Ton!
4. Ziehen Sie den zu tief gestimmten Gitarrenton einer schwingenden Leersaite auf seine vorgegebene Tonhöhe hin. Prüfen Sie anschließend die Stimmung mit dem Stimmgerät.
5. Sie stehen im Kreis, nehmen den vom Nachbarn gesungenen Ton auf und geben ihn zum Nachbarn zur anderen Seite weiter.
6. Sie singen gemeinsam eine Tonleiter. Ein geübter Teilnehmer wiederholt diese Tonleiter und lässt einen Ton aus. Stellen Sie sich den fehlenden Ton vor und singen Sie ihn in die Lücke hinein.
7. Flaschenblasen: Der erklingende Ton einer angeblasenen PET-Kunststoffflasche ist das C. Prüfen Sie Ihre Möglichkeiten zur Tonbildung und blasen Sie der Reihe nach jeder in seine leere Flasche. Stellen Sie anschließend eine Tonleiter her, indem Sie durch das Auffüllen von Wasser die Tonhöhen der Flaschen erhöhen. Nehmen Sie dazu von einem Tasteninstrument die Einzeltöne auf und vergleichen Sie diese singend mit dem geänderten Ton der Flasche.

3.2.2 Übungen mit festgelegten Tonhöhen: Melodische Ordnungen – von der Tonleiter zur Melodie

Die folgenden Übungen beziehen sich auf die Ordnung von festgelegten Tonhöhen. Zunächst werden einzelne Töne in Tonschritten zu Tonleitern geordnet. Mit zunehmender Sicherheit im Umgang mit Tonhöhen werden melodische Linien entwickelt. Ausgangspunkt sind Gruppenübungen, die alle Teilnehmer am Lernprozess teilnehmen lassen und die Absprachen bezüglich der Strukturierung der Tonhöhen ermöglichen. Anschließend arbeitet der einzelne Schüler mit dem Tonvorrat mehrerer Töne. Mit zunehmender Sicherheit gewinnen die Aktivitäten einen eigenständigen Charakter. Für alle Übungen gilt, dass sich die Einzeltöne sowohl instrumental als auch mit der Stimme darstellen lassen. Sie sollen auch ohne die Hilfestellung des Instrumentes probiert werden.

Übungen

1. Zeichnen Sie einen Tonhöhenverlauf hörend nach. Ein Teilnehmer stellt eine Melodie auf einem Stabspiel dar, deren Kontur durch die Gruppe nachgezeichnet wird. Als Variante zeigen die Gruppenmitglieder den Tonhöhenverlauf hörend mit der waagerecht vor der Brust liegenden Hand an.
2. Ein Dirigent stellt eine „Lebendige Tonleiter" zusammen. Die Teilnehmer haben je einen Einzelklangstab aus der diatonischen Tonleiter (z. B.: C, D, E, F, G, A, H, c) und einen Schlägel. Sie stehen im Raum verteilt. Bei einer Gruppe von mehr als acht Personen erhöht sich der Tonumfang der Übung auf über eine Oktave. Die Töne werden nacheinander angeschlagen und von einem oder mehreren Schülern ihrer Tonhöhe nach geordnet. Dazu werden die spielenden Schüler auf Positionen auf einer Linie verwiesen, die den ansteigenden Tonhöhenverlauf darstellt.

3. Die Teilnehmer stehen mit Einzelklangstäben und Schlägeln auf einer Kreisbahn mit dem Rücken zueinander. Der Teilnehmer mit dem tiefsten klingenden Ton ist bekannt. Jeder stellt seinen Ton spielend und singend vor. Anschließend beginnt der Teilnehmer mit dem tiefsten Ton zu spielen und derjenige, der meint, den nächst höheren Ton zu haben, setzt die Leiter fort. Führen Sie diese Übung auch mit dem Tonmaterial der Ganztonleiter (z. B.: C, D, E, Fis, Gis, Ais, C) oder mit dem Material der Bluestonleiter (z. B.: C, D, Es, F, G, A, B, C) durch.

4. Auf einer Kreisbahn mit nach innen gerichtetem Blick haben die Teilnehmer je einen Ton aus der Bluestonleiter. Die Töne sind entsprechend ihrer Tonhöhe geordnet. In der Kreismitte steht ein Dirigent, der durch einen Fingerzeig nacheinander die Spieler anzeigt, deren Ton Bestandteil seiner Improvisation mit dem Tonmaterial der Bluestonleiter wird. Wenn der Dirigent eine gelungene melodische Wendung entwickelt hat, wird diese wiederholt, bzw. auf einer anderen Tonstufe noch einmal gespielt.

5. Auf einer Kreisbahn stehend lassen die Teilnehmer mit Einzelklangstäben gleiche Tonabstände kreisen. Mit dem Tonvorrat der diatonischen Leiter (C, D, E, F, G, A, H, c) entsprechen die Abstände der Personen den Intervallen zwischen den Einzelklangstäben: Eine Terz wird z. B. durch die erste, dritte, fünfte usw. Person dargestellt. Probieren Sie im Anschluss verschiedene Intervalle durch den gemeinsamen Anschlag übereinander zu schichten.

6. Sie sitzen im Kreis und jeder Mitspieler verfügt über ein Stabspiel. Ein Teilnehmer schlägt auf einem Stabspiel eine kurze melodische Floskel vor und teilt den Anfangston der Gruppe mit. Ausgehend vom Anfangston versucht jeder Mitspieler dem Gehör nach diese kurze Melodie zu wiederholen.

7. Begleiten Sie ein von der Gruppe gesungenes Lied mit einer ostinaten Figur auf Stabspielen. Dabei kann das melodische Material an den Begleitakkorden des Liedes orientiert sein (vgl. dazu Kapitel Liedbegleitung). Teilen Sie sich dazu zunächst in zwei Gruppen und probieren Sie den Gesang und die melodische Begleitung getrennt. Anschließend führen Sie beides zusammen.

8. Im Rahmen einer Partnerübung mit zwei Stabspielen, bei der sich die Teilnehmer gegenüber sitzen, wird eine bekannte Melodie dem Gehör nach von einem Spieler bis zu einem melodischen Einschnitt gespielt. Der Partner setzt diese Melodie fort.

9. Beide Partner improvisieren abwechselnd im dialogischen Melodiespiel. Sie spielen dabei mit Kontrasten: Der ersten Spieler beginnt z. B. mit einer aufwärtsgerichteten Melodie, der der zweite Spieler eine Abwärtsrichtung gegenüber stellt. Weitere Kontrastpaare sind: laute und leise Imitation, rasche und langsame Notenwerte, gebundene und ungebundene Töne (legato – staccato), enge und weite Intervallfolge, Versetzung der Melodie um einen Ton höher oder tiefer.

3.3   Praktische Umsetzung – Anwendungsbeispiele

„Mensch, sing mit!" Erarbeitung eines Liedes

Aufgaben

1. Betrachten Sie den Melodieverlauf des Liedes „Mensch, sing mit!" und beschreiben Sie ihn hinsichtlich der Wiederholungen und der Intervallstruktur (vgl. Kapitel 3.1.3). Ordnen Sie dem Lied einen Schwierigkeitsgrad zu.

2. Erarbeiten Sie für die individuellen Lernvoraussetzungen in Ihrer Gruppe und für die zu nutzenden Instrumente angemessene Formen der Notation bzw. nutzen Sie die vorliegende Notierung (vgl. Kapitel 3.1.3: Welche Form der Notation?). Spielen Sie nach diesen visuellen Hilfsmitteln die Melodie in Abschnitten nach.

3. Zuhören – vorstellen – darstellen (vgl. Kapitel 3.2.1) Singen Sie das Lied zunächst in angemessenen Abschnitten auf einer Singsilbe einem Vorsänger nach. Berücksichtigen Sie dabei den angeführten Dreischritt! Verbinden Sie anschließend die Melodie mit dem vorgegeben Text.

Mensch sing mit T. und M.: Clemens Bittlinger

2. *Wer Lieder singt, merkt, Musik befreit, alles, was uns drängt, hat auf einmal Zeit.*

3. *Eine kleine Melodie, die auch dann noch schön klingt, wenn jemand sie leicht daneben singt.*

Aufgaben im Anschluss an die Erarbeitung

1. Betrachten weitere musikalische und den Text betreffende Merkmale des Liedes. Inwiefern machen die notierten Pausen, die Wechsel der Begleitharmonien und der etwas selbstironische Text das Lied zu einem gelungenen Beispiel für die Arbeit mit erwachsenen Menschen mit Behinderung?

2. Sichten Sie eine Auswahl verschiedener Liederbücher. Welche Zielgruppen sprechen diese Liedersammlungen an? Finden Sie weitere Lieder, die den dargestellten Aspekten der Eignung des Liedes „Mensch, sing mit!" entsprechen. Begründen Sie Ihre Auswahl.

3. Erarbeiten Sie einige dieser Lieder unter Anwendung der angeführten Lernschritte und Lernmethoden.

Praxisbeispiel: Eine Melodie als Kontaktaufnahme zu einem Menschen mit Behinderung nutzen.

Der folgende Bericht eines Fachschülers der Heilerziehungspflege stellt dar, welche intensive Wirkung eine regelmäßig wiederholte, einfache Melodie auf das Verhalten eines Menschen mit Behinderung haben kann. Der Text weist nach, dass auch das spontan wirkende Singen einer Melodie im Rahmen einer heilpädagogischen Übung vorbereitender Überlegungen zur Strukturierung des Verhaltens beider an der Übung beteiligten Personen bedarf.

 Beispiel

Das Kernstück der von mir durchgeführten Übung ist ein Begrüßungslied nach der Melodie von „Bruder Jakob" mit folgendem Text:
„Hallo Doris, hallo Doris / du bist da, du bist da / schön, dass du heut hier bist, schön, dass du heut hier bist / Guten Tag, guten Tag."
Doris (Name geändert), die an der Übung beteiligte Person, hat eine geistige Behinderung infolge einer Impfschädigung, deren Krankheitsverlauf in weitesten Teilen dem der Alzheimer Krankheit gleicht. Dieser zeichnet sich durch ein beschleunigtes Altern und einen damit einher gehenden geistigen und körperlichen Verfall aus. Im Zuge dieser Entwicklung neigt Doris in den verschiedensten Lebenslagen zu Unruhe und scheinbar fremdaggressivem Verhalten, wobei sie oft nur sehr schwer und nach langer Zeit wieder beruhigt werden kann.
Auf der von ihrer Mutter ausgefüllten Hilfebedarfsermittlung ist vermerkt, dass sie gerne Musik hört. Daraus kann sich die Möglichkeit ergeben, dass man Doris durch gezieltes Einsetzen des Liedes in den beschriebenen Situationen beruhigen und Aggressionen abbauen kann. Die Übung stützt sich zunächst auf aktives Handeln meinerseits und überlässt der Klientin den Part des Zuhörers, da in den beschriebenen Situationen ein Mitsingen mehr zur Aufregung als zur Beruhigung führen würde. Im weiteren Verlauf besteht die Möglichkeit durch Abwandlungen des Textes (hallo Strümpfe, hallo Füße usw.), die Aufmerksamkeit der Klientin auf ihre Umgebung zu lenken. Vorrangig soll die Übung der Beruhigung dienen, indem von der vorhandenen Situation abgelenkt und eine neue herbeigeführt wird. Durch das Vorsingen der Melodie will ich Doris eine emotionale Nähe und vertrauliche Ansprache vermitteln.

Reaktionen von Doris während der Übung:
Gleich bei der ersten Umsetzung der Planung zeigte Doris ausgeprägte Reaktionen auf das Lied. Während eines Toilettenganges, bei dem sie aufgrund ihrer Behinderung begleitet werden muss, fing sie plötzlich an zu kreischen und um sich zu schlagen. Nachdem ich zu meiner eigenen Sicherheit etwas Abstand genommen hatte, begann ich unangekündigt mit ruhiger Stimme das ihr unbekannte Lied zu singen. Als sie dies hörte, hielt sie inne und ihr Kreischen verstummte. Ich sang das Lied ohne zu unterbrechen mehrmals hintereinander und ging dabei langsam auf sie zu. Nach einiger Zeit änderte sich ihr anfangs noch starrer und etwas verdutzt wirkender Blick in ein leichtes Grinsen. Ohne das Lied zu unterbrechen, fuhr ich allmählich mit der Pflege fort und brachte sie danach in ihr Zimmer, wo sie sich etwas erschöpft von ihrem vorherigen Ausbruch auf ihr Bett legte und ausruhte. Während der Pflege habe ich den Liedtext dahingehend verändert, dass ich ihren Namen erst gegen meinen und bei weiteren Wiederholungen gegen die Bezeich-

nung der Pflegeutensilien ausgetauscht habe. Nach einiger Zeit bin ich wieder in ihr Zimmer gegangen und habe mich zu ihr gesetzt. Als sie mich mit etwas desorientiertem Blick ansah, begann ich erneut zu singen. Doris fing an zu schmunzeln und setzte sich auf.

Aufgaben

1. Das Lied „Bruder Jakob" haben viele unter Ihnen in einem anderen Zusammenhang kennen gelernt. Stellen Sie den Unterschied zwischen Ihrer eigenen Erfahrung mit dem Lied und der beschriebenen Situation dar. Welches neue Verständnis können Sie hinsichtlich des Liedes entwickeln?
2. Beschreiben Sie die Überlegungen der Übung, die für Doris eine vertrauliche Situation herbeiführen. Gehen Sie dabei auch der Frage nach, ob die Person des Singenden in der Situation austauschbar ist. Welche normalerweise unwichtigen Dinge gewinnen in der beschriebenen Situation eine Bedeutung?
3. Spielen Sie die Situation nach. Wie artikuliert der Übende das Lied? Wie viel Zeit verwendet er? Wie schwer fällt es Ihnen, in diese Rolle zu schlüpfen?
4. Beobachten Sie Ihren Praxisalltag und überlegen Sie, ob in vergleichbaren Situationen diese oder andere Melodien einsetzbar sind. Bewerten Sie auch die Alltagsorientierung der Übung.

Pentatonisches Gruppenspiel[1] – improvisierte und gebundene Formen melodischer Gestaltungen mit der Pentatonik

Die folgende musikalische Gestaltung kann mit Gruppen unterschiedlicher Größe umgesetzt werden. Sie ist für verschiedene Stabspiele vorgesehen und kann mit der Singstimme, dem Keyboard oder mit der Gitarre ergänzt werden. Die Verwendung verschiedener Instrumente kann den spielerischen Möglichkeiten der Mitspieler und dem Bedürfnis nach klanglichem Ausdruck angepasst werden.

Herleitung der Pentatonischen Leiter – Vorbereitung der Instrumente

Um die Tonnamen einer Pentatonischen Leiter zu bestimmen, ist von einem Ausgangston fünf mal hintereinander das Intervall der Quinte zu bilden. Dabei ist der jeweils gefundene Ton gleichzeitig der neue Ausgangston, von dem die nächste Quinte gebildet wird.

Beispiel der Bildung einer Pentatonischen Leiter auf C:

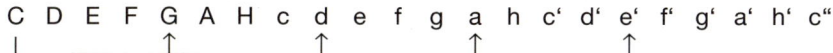

Die in verschiedenen Oktaven gefundenen Tonnamen werden nach ihrer Tonhöhe innerhalb einer Oktave geordnet und lauten jetzt: C D E G A.

Aufgabe

Bilden Sie eine Pentatonische Leiter auf dem Ton F.

---

[1] *Eine pentatonische Tonfolge besteht aus fünf verschiedenen Tonnamen. Ihr eigentümlicher Klang hat eine charakteristische, beruhigende Wirkung auf die Zuhörer.*

Das Tonmaterial der Leitern auf den Tönen C und F kann auf den verbreiteten diatonischen Stabspielen dargestellt werden. Das Tonmaterial einer pentatonischen Leiter auf F kann ebenfalls durch Umstimmung von drei Saiten einer Gitarre auf den Leersaiten dargestellt werden (E=>F, h=>c, e=>d). Die Spieler richten die Stabspiele ein, indem sie die zur Leiter gehörenden Töne farbig markieren oder die Klangplatten mit anders lautenden Tonnamen entfernen.

Erster Spielversuch

Die Teilnehmer sitzen im Kreis und haben vor sich jeder ein Stabspiel. Falls die Gruppe mit unterschiedlichen Spielen arbeitet, stehen gleiche Instrumente nebeneinander, und die Instrumentengruppen sind nach Metall und Holzklingern entsprechend ihres Tonumfanges angeordnet.

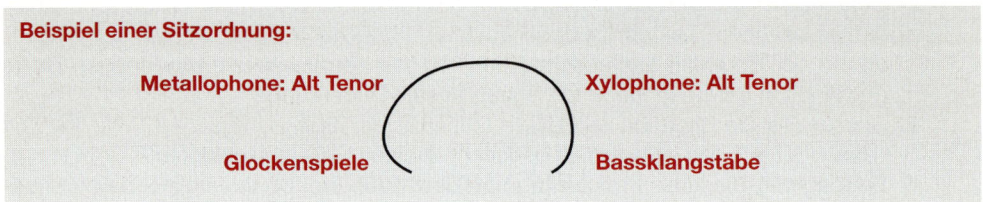

Beispiel einer Sitzordnung:

Metallophone: Alt Tenor   **Xylophone: Alt Tenor**

Glockenspiele   **Bassklangstäbe**

Zunächst prüft die Gruppe, ob alle Stabspiele das gleiche Tonmaterial enthalten, indem jeder Teilnehmer seinen Tonumfang einmal vorspielt.

Aufgabe

Wie klingt die pentatonische Tonleiter? Beschreiben Sie Ihre Assoziationen beim Hören des Tonmaterials.

Spielkonstellationen

Die pentatonischen Melodien werden von den Teilnehmern improvisiert oder es werden kurze ostinate Spielfiguren vorgeschlagen, die im Wechsel mit einer Improvisation dargestellt werden. Dabei kann die Dauer des musikalischen Einsatzes von z. B. zwei oder vier Takten verlängert oder verkürzt werden. Die Festlegung der spielenden und der pausierenden Rollen orientiert sich an folgenden Spielkonstellationen. Sie können nach den Möglichkeiten der Gruppe ergänzt und neu kombiniert werden.

1. Gruppenimprovisation nach Instrumentengruppen: Der Tonhöhenverlauf wird frei erfunden, die Notenwerte werden vorher festgelegt. Nach vier Takten ist die nächste Instrumentengruppe an der Reihe.

2. Ein Solist improvisiert eine Tonfolge über zwei Takte, die Gruppe antwortet, z. B. mit der vorgeschlagenen Spielfigur.

3. Holz und Metallklinger spielen im viertaktigen Wechsel. Zunächst spielt eine Gruppe eine ostinate Spielfigur und die weitere Gruppe improvisiert. Nach einiger Zeit wechseln die Gruppen ihre Spielrollen. Beide Gruppen können auch im regelmäßigen Wechsel improvisieren.

4. Eine geteilte ostinate Spielfigur wird im ersten Teil durch tiefe Xylophone und Glockenspiele gespielt. Ein folgender zweitaktiger Freiraum wird durch einen wechselnden Solisten gefüllt.

5. Die Gruppe improvisiert gemeinsam nach einem Rhythmus, den ein Spieler in der Kreismitte durch eine Handtrommel festlegt. Jeder spielt seine eigene Melodie. Nach einiger Zeit tritt der Trommler auf einen Mitspieler zu, dieser improvisiert dann solistisch. Sobald der Trommler wieder die Kreismitte betritt, wird die Gruppenimprovisation fortgesetzt.

6. Die Leersaiten einer pentatonisch gestimmten Gitarre werden im langsamen Tempo von der tiefsten zur höchsten Saite wie folgt angeschlagen. Dazu improvisieren wechselnde Solisten auf Stabspielen.

7. Ein Keyboard spielt in einem tief liegenden Streichersound eine Tonfolge aus einer pentatonischen Leiter. Die Töne wechseln sehr langsam und werden aneinander gebunden gespielt. Nachdem die durch die Spielweise des Keyboards vermittelte ruhige Atmosphäre die Teilnehmer erreicht hat, beginnt ein Spieler eine langsam fließende Melodie zu improvisieren. Nach einer angemessenen Zeit steigt ein weiterer Spieler dazu ein. Es entwickelt sich ein Zwiegespräch. Sobald der erste Spieler zu spielen aufhört, kann ein neuer Spieler hinzukommen. Dabei wechselt der Streicherklang langsam zu einer mittleren Lage. Gegen Ende der Improvisation erreicht das Keyboard wieder die Tonlage vom Anfang.

Carillon – Glockenspiel: Darstellung von Melodie und dynamischer Entwicklung
Das Stück „Carillon"[1] bietet die Möglichkeit zur Gestaltung eines Mitspielsatzes für unterschiedlich große Besetzungen und Voraussetzungen der Teilnehmer. Das Werk ist dreiteilig, wobei der erste und dritte Teil einander sehr ähnlich sind. Dazwischen liegt ein ruhiger Mittelteil. Zur Gestaltung vorgeschlagen ist hier der erste Teil, der mit einer deutlich zu hörenden Pause vom zweiten Teil des Werkes getrennt ist.

Die Dynamik in der Musik bezeichnet die Wirkung, die aus gegensätzlichen Lautstärken und Klangeindrücken entstehen. Sie treten im Werk auf zweierlei Weise auf: Es entstehen Spannungen durch Gegensätze in Form von lauter und leiser Spielweisen der Melodie und durch den gemeinsamen Einsatz von Instrumenten in tiefen wie hohen Tonlagen im Anschluss an eine leise gespielte Stelle. Daneben gibt es in dem Stück mehrtaktige dynamische Steigerungen der Lautstärke, die aufgrund ihrer zeitlichen Ausdehnung gut von den Teilnehmern erfassbar sind und durchlebt werden können. Das Erlebnis der Entwicklung von Spannung zu ihrem Höhepunkt hin findet mehrfach seinen Ausdruck durch die Steigerung der Dynamik bis zum instrumentalen Einsatz aller Mitspieler. Dabei bedarf die letzte Steigerung am Ende des ersten Teil des Werkes einer dreifachen Wiederholung des gemeinsamen Einsatzes, um die aufgestauten Erwartungen der letzten dynamischen Entwicklung auszugleichen.

Aufgabe

Hören Sie das Werk und beschreiben Sie Ihren Höreindruck hinsichtlich der drei musikalischen Teile. Wie werden die Übergänge zwischen den Teilen gestaltet? Wie kommt der Titel des Werkes, „Glockenspiel", zustande?

---
[1] *Das Orchesterwerk „Carillon" des französischen Komponisten Georges Bizet gehört zu der vierteiligen L'Arlésienne Suite Nr. 1, welches 1872 komponiert wurde. Bei diesem Werk handelt es sich um eine Schauspielmusik, die die Tragödie eines jungen Mannes musikalisch darstellt, der sich aus unerwiderter Liebe zu einem Mädchen aus Arles umbringt.*

Das musikalische Material zur Mitgestaltung von Carillon besteht aus einer ostinaten Spielfigur und einer Melodie, die hier vereinfacht dargestellt ist sowie aus rhythmischen Impulsen. Die angeführten Instrumente können durch weitere der Gruppe zur Verfügung stehende Instrumente ergänzt oder ausgetauscht werden. Die dynamischen Entwicklungen werden von allen Instrumenten von der leisen zur lauten Spielweise ausgeführt.

Ostinato:

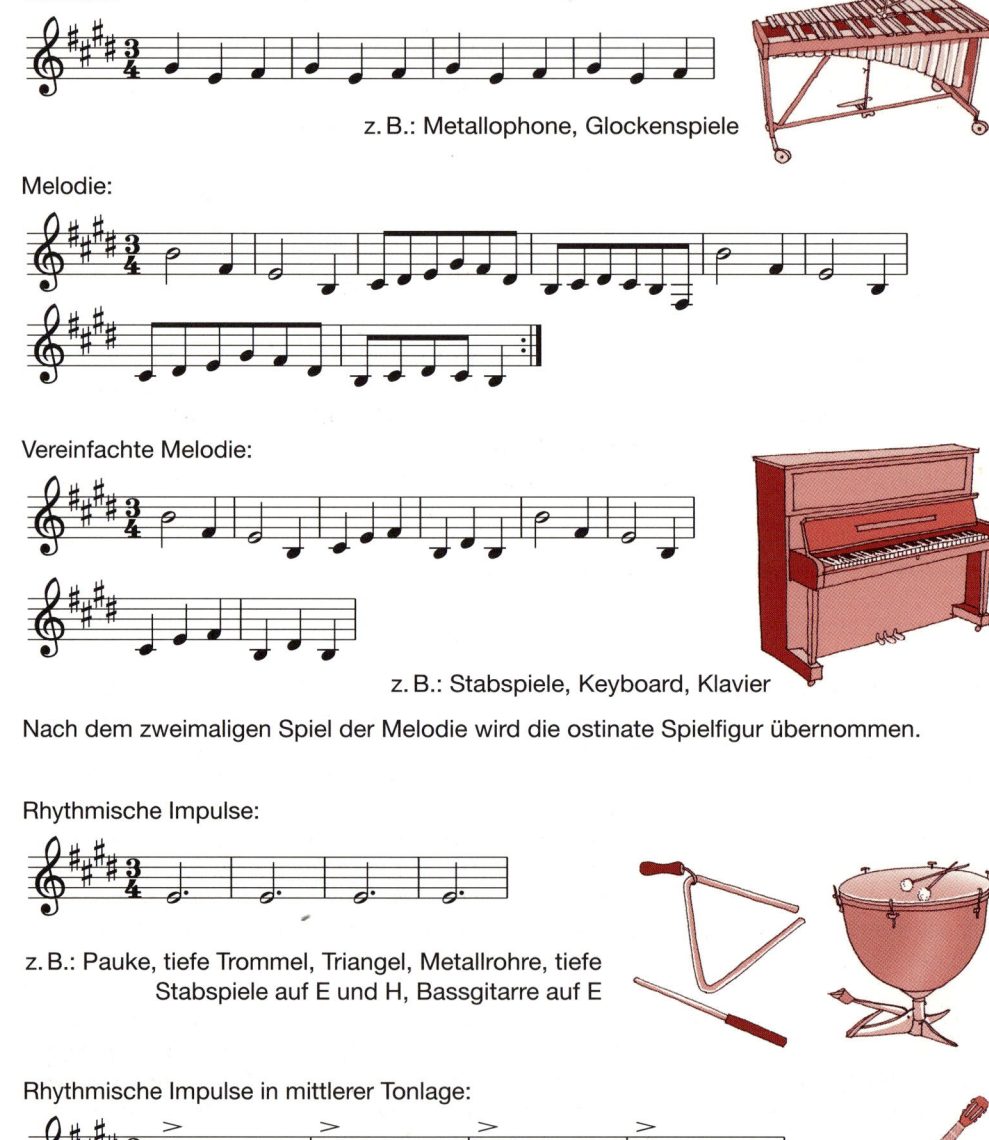

z. B.: Metallophone, Glockenspiele

Melodie:

Vereinfachte Melodie:

z. B.: Stabspiele, Keyboard, Klavier

Nach dem zweimaligen Spiel der Melodie wird die ostinate Spielfigur übernommen.

Rhythmische Impulse:

z. B.: Pauke, tiefe Trommel, Triangel, Metallrohre, tiefe
Stabspiele auf E und H, Bassgitarre auf E

Rhythmische Impulse in mittlerer Tonlage:

z. B. Snare Drum, Gitarre in E-Dur

Aufgaben

1. Probieren Sie die Spielweisen der Instrumente zunächst ohne die Aufnahme.
2. Erstellen Sie einen Ablaufplan der musikalischen Aktionen, indem Sie der Aufnahme zuhören. Bringen Sie die Elemente in ihrer Reihenfolge in eine grafische Notation.
3. Spielen Sie nach der Notation zum Tonträger.
4. Bewerten Sie den Klangeindruck, den Sie hinterlassen haben. Welche Funktion hat der Tonträger bei der gemeinsamen Gestaltung? Konnten Sie die musikalischen Entwicklungen des Stückes nachempfinden?
5. Spielen Sie das Stück nochmals ohne Tonträger und nehmen Sie Ihr Ergebnis auf eine Cassette oder Mini Disk auf. Vergleichen Sie Ihr Ergebnis mit der Komposition von Georges Bizet.

3.4   Erfahrungen und Reflexionen

Musikalische Zeiterfahrung
Was ist lang? Was ist kurz? Erfahrungen mit der pentatonischen Improvisation

Die musikalische Zeiterfahrung bei der Improvisation von pentatonischen Melodien (S. 91) ist an die Selbsterfahrung des eigenen Spieles und an die Aufnahme von Anregungen durch die Mitspieler gebunden. Wenn die eigene Improvisation als lebendig und interessant empfunden wird, erfasst der Spieler mit einer aus seiner Sicht als kurz empfundenen Zeitspanne einen längeren zeitlichen Rahmen. Möglichkeiten zur Weiterentwicklung des Melodiespieles bestehen in der Verknüpfung unterschiedlicher Tonlängen und in der Integration verschiedener Intervalle. Sie verhelfen dem Spieler dazu, musikalisch aus sich heraus zu gehen. Das Spiel in Tonleiterausschnitten mit wenigen oder nur einem Notenwert hingegen lässt das eigene Spiel rasch als langweilig erscheinen.

Geht man davon aus, dass man unter der Improvisation von Melodien die Darstellung von Aussagen verstehen kann, dann gleicht die Beschränkung des Tonmaterials auf eine pentatonische Leiter einer Beschneidung des Wortschatzes. Der Pentatonik fehlen die Konturen und Kanten, sie ist ein Kompromiss zwischen einem reduzierten melodischen Ausdruck, zugunsten einer positiv empfundenen Erstbegegnung, und der Improvisation. Die Erweiterung des Tonmaterials über die fünf Töne hinaus eröffnet dem Spieler neue melodische Mitteilungsebenen, die aber auch die Gefahr des Missklanges bergen. Wenn Missklänge zunehmend bewusst gespielt werden, dann können sie jedoch zur Aussage erhoben werden. Methodisch bietet sich der Einstieg in die Erweiterung des Tonmaterials über ostinate Spielfiguren an. Sie vermitteln dem weniger geübten Spieler zunächst Sicherheit.

Im musikalischen Dialog zwischen dem Heilpädagogen und dem Menschen mit Behinderung werden Aussagen, die aufgrund von Behinderung nicht in Worte gefasst werden können, durch improvisierte Melodien und ihre Spielweise abgebildet. Dabei stellt der Heilpädagoge seine Spielfähigkeit in den Dienst des Klienten: Er vermittelt dem Klienten das Bedürfnis zur musikalischen Aussage, auf die er musikalisch reagiert. Eine Intensivierung des improvisatorischen Dialoges und die Fähigkeit, neue melodische Wendungen zu entdecken, nehmen mit der musikalischen Praxis zu und die subjektiv empfundene Zeitspanne erfasst einen zunehmend längeren zeitlichen Rahmen.

Aufgaben

1. Wie lange haben Ihre Improvisationrunden gedauert? Vergleichen Sie Ihr subjektives Zeitempfinden mit der zeitlichen Ausdehnung der Improvisation.
2. In welchem Verhältnis stehen bei Ihnen angeleitete Spielanregungen und selbst entdeckte melodische Wendungen?
3. Welche Möglichkeiten der Weiterentwicklung sehen Sie für die Gestaltung Ihrer Improvisationen?
4. Erweitern Sie den zur Verfügung stehenden Tonvorrat und führen Sie ausgewählte Übungsschritte der Spielkonstellationen im Kapitel zur Pentatonik wie beschrieben durch. Inwiefern ändert sich die Aussagekraft ihrer erfundenen Melodien?
5. Führen Sie folgende Partnerübung mit den Rollen Spieler und Zuhörer durch. Der Spieler improvisiert so lange, bis dass der Zuhörer meint, eine musikalische Aussage verstanden zu haben. Fassen Sie den melodischen Ausdruck in Worte und vergleichen Sie Ihre beabsichtigte Aussage mit dem, was der Partner über Sie erfahren hat.
6. Improvisieren Sie im Wechsel mit einem Menschen mit Behinderung. Jeder Spieler verfügt über ein Melodieinstrument. Welches musikalische Rollenverhalten entwickelt sich? Welche Aussagen werden gemacht? Bringen Sie die musikalischen Aussagen des Menschen mit Behinderung in Zusammenhang zu seiner persönlichen Situation. Welche Beobachtungen machen Sie und welche Schlussfolgerungen ziehen Sie?

Handlungsmöglichkeiten zur Musik
Carillon – Glocken: Melodie und dynamische Entwicklung

Die gestaltende Auseinandersetzung mit dem Orchesterwerk „Carillon" von Georges Bizet eröffnet die Welt der klassischen Musik, die vielen Mitspielern unbekannt sein wird. In vielen Einrichtungen der Behindertenhilfe gehört das Hören dieser Musikrichtung noch nicht zur Alltagserfahrung der Bewohner. Die Gründe bestehen wohl eher in der Unwissenheit hinsichtlich der Musik als in ihrer Ablehnung. Ein in handelnder Weise erreichter positiver Zugang kann die Einstellungen zur klassischen Musik öffnen und den Wunsch nach weiteren Werken wecken. Diese Erweiterung des musikalischen Horizontes kann für viele Bewohner eine bedeutende Alternative zu den bisher erfahrenen populären Musikrichtungen sein.

Neben Einstellungsänderungen bestehen positive Konsequenzen für die Mitspieler in der Handhabung der genutzten Instrumente. Sie können von instrumentalen Laien gespielt werden und erlauben ihnen, den gehörten musikalischen Ausdruck zu unterstützen. Die Tatsache, dass die Mitspieler ihn durch unangepasste Spielweisen auch gefährden können, eröffnet ihnen ihre musikalische Verantwortung für das Gruppenprodukt.

Der Zugang zum Werk erfordert ein gemeinsames Hineinfühlen in den musikalischen Verlauf des Ausschnittes. Dabei ist das Verhältnis von Planung und Ausprobieren zur Musik auszuloten: Die Planung musikalischer Abläufe als erdachte Probehandlungen sind nicht jedem Mitspieler zugänglich, da die Vorstellungskraft hinsichtlich der möglichen musikalischen Wirkung fehlt. Dem gegenüber steht die Gefahr, dass ein an viele Wiederholungen gebundenes Ausprobieren die Wirkung der Musik mit der Zeit verblassen lässt.

Die Einbeziehung der Mitspieler in eine Planungs- und Handlungskette erfordert Absprachen hinsichtlich der Zuweisung und Annahme musikalischer Rollen. Das Wunschinstrument bekommen zu haben oder es einem Mitspieler zu überlassen, die Spielvorschläge der Mitspieler aufzunehmen oder Ideen einzubringen sind mögliche Spannungsfelder, denen die Teilnehmer ausgesetzt sind. Die eigene Spielweise formen zu lassen und damit etwas auszuhalten, bestärkt die Ich-Funktion des Einzelnen und repräsentiert die hohen kreativen und sozialen Potentiale des Musizierens.

Aufgaben

1. Reflektieren Sie den gruppendynamischen Prozess Ihrer Erarbeitung. Wie groß war die Bereitschaft der Teilnehmer zur planenden Mitgestaltung? Wurden Zugänge zu verschiedenen Instrumenten geschaffen? Konnten Sie bei einzelnen Spielern ein Sich-Einlassen auf die Musik beobachten? Gab es in verschiedenen Phasen Störungen? Welches waren die Gründe?
2. Wie wirken sich die beschriebenen Handlungen der Mitspieler auf die Begegnung mit klassischer Musik aus? Vergleichen Sie die Einstellungen vor Beginn der Übung mit der Meinung zur Musik nach der beschriebenen intensiven Beschäftigung.

Entwicklungswege – Singen führt zum Wohlbefinden
Ein neu gegründeter Chor wirbt auf einem Plakat

Singgemeinschaft Neustadt e. V.

Gospel

Blues

Volkslieder

Shanties

Die Singgemeinschaft Neustadt e. V., bestehend aus Sängerinnen und Sängern mit und ohne Handicap, sucht weitere aktive Mitstreiter.

Tun Sie Ihrem Körper und der Seele etwas Gutes und stoßen Sie zu uns!

Gemeinsam etwas machen und der Gemeinschaft einen Beitrag leisten! Lassen Sie sich durch Mitsingen auf andere Gedanken bringen! Bei Volksliedern an vergangene Zeiten denken!

Die Atmung, Artikulation und Konzentration verbessern.

Körperinstrumente nutzn und Bewegungen machen, denn bei uns musiziert der ganze Körper.

Sie sind weitaus musikalischer, als Sie es von sich wissen - haben Sie keine Hemmungen!

Kommen Sie bei ungefähr 20 Auftritten im Jahr im gesamten Bundesgebiet herum. Unser Repertoire umfasst viele verbreitete Musikrichtungen. Proben immer am Donnerstag um 19.00 Uhr. Zum anschließenden gemütlichen Beisammensein besuchen wir das Lokal Sangeslust.

Singgemeinschaft Neustadt e. V.

tickets www.singgemeinschaftneustadt.de

Aufgaben

1. Ordnen Sie die auf dem Plakat genannten Auswirkungen des Singens nach psychischen, körperlichen und sozialen Aspekten. Wie erklären Sie diese durch das Singen hervorgerufenen positiven Entwicklungen? Belegen Sie die Aspekte durch Beispiele oder Begründungszusammenhänge.
2. Kennen Sie singende Menschen mit und ohne Behinderung, die diese positiven Entwicklungen erlebt haben?

4 Der Klang

◆ In welchen musikalischen und außermusikalischen Zusammenhängen sprechen Sie von „Klang"? Versuchen Sie den Begriff auch von anderen akustischen Ereignissen, z. B. dem Geräusch oder dem Ton, abzugrenzen.

◆ Räume verändern den Klang. Betrachten Sie das Kapiteleinstiegsbild und beschreiben Sie den Klang, den der Besucher hier erleben könnte. Inwieweit unterstützt der Raumklang die Funktion des Raumes? Kennen Sie andere Räume, die die Klangquellen beeinflussen?

◆ Menschen, die diesen Raum außerhalb des Gottesdienstes besichtigen, kommunizieren hier – wenn überhaupt – flüsternd miteinander. Warum dämpfen sie hier den eigenen Stimmklang?

◆ Klänge helfen uns zur Orientierung in der Umgebung. Welche Entlastungen schaffen Klänge den anderen Sinnen, welche Belastungen können sie erzeugen?

◆ Beschreiben Sie Perspektiven des Erlebens und der Orientierung, die Klänge Menschen mit Behinderung eröffnen können.

4.1   Theoretische Grundannahmen

4.1.1   Klang – Seine Vielfalt und die Individualität seiner Erfahrungen

Aus der Physik ist bekannt, dass die Zufuhr von Energie einen Gegenstand in Schwingungen versetzen kann. Die den Gegenstand umgebenden Luftmassen transportieren die Schwingungen als Schallwellen an unser Ohr. Die Bandbreite der akustischen Ereignisse vom Geräusch bis zum Ton bezeichnen wir als Klang. Im Bewusstsein des Zuhörers kann der Klang eine Fülle von Assoziationen wecken: Klangliche Eigenschaften werden mit den vielfältigsten Erfahrungen verbunden, die von der Lokalisierung und der Vorstellung von der Klangquelle bis zur Erinnerung zurückliegender Erlebnisse im Zusammenhang mit dem Klang liegen können.

Aufgaben

1. Woran denken Sie, wenn Sie dem Klang der folgenden Gegenstände und Personen zuhören: *VW-Käfer Motor, Glockengeläut aus der Dorfkirche, eine Kundendurchsage im Kaufhaus, ein erklingender Klavierton, eine entfernte Kinderstimme am Sonntag Nachmittag, einzelne Unterhaltungen innerhalb einer Gruppe von Menschen, das Knistern einer aufgesetzten Plattennadel* ... Beschreiben Sie die Wirkung, die diese Klänge auf Sie ausüben. In welchem Zusammenhang stehen Ihre individuellen Erfahrungen und die entstehenden Assoziationen beim Hören der Klänge?
2. Nennen und beschreiben Sie andere Klänge, die sie mit Erinnerungen und Erfahrungen verbinden können. Welche Klänge unterliegen bei Ihnen einer besonderen Wertschätzung? Wie werden sie erzeugt?
3. Klänge können durch das Ohr unterschiedlich aufgenommen werden: Das Ohr kann hören, lauschen, wahrnehmen, orten, erkennen, vernehmen... Setzen Sie die Reihe fort. Welche akustischen Ereignisse werden durch die genannten Handlungen des Hörenden unterschieden?
4. Stellen Sie dar, welche Formen des Zuhörens Sie bei Menschen mit Behinderung beobachten können.

Ein Klang gebraucht zur Entfaltung seiner Wirkung im Vergleich zu den anderen musikalischen Parametern keinen Rhythmus und keine Melodie. Das macht ihn hinsichtlich der Einstellungen des Zuhörers zu einem akustischen Ereignis, das von konkreten emotionalen Erwartungen weitestgehend frei ist. Vorbehalte wie gegenüber einem ungewohnten Melodieverlauf oder einem „schrägen" Rhythmus hat der Zuhörer nicht, er ist gegenüber den Erfahrungen von Klängen offen.

In unserem Sprachgebrauch äußern wir uns über den Klang, wenn wir die Wirkungen von Musik oder die eines akustischen Ereignisses beschreiben. Über das Musikstück, das uns gefällt, sagen wir, dass es gut klinge. Wenn der Zusammenklang mehrerer Töne „klingt", so die verbreitete Formulierung, dann ist das bereits eine positive Einschätzung. Häufig suchen wir bei der Beschreibung von Klängen nach Vergleichen: Wir sagen, dass ein Geräusch ähnlich einem anderen klinge und benennen damit lediglich eine Klangquelle. Einen Klang hinsichtlich seiner Eigenschaften näher zu beschreiben, fällt uns offensichtlich schwer. Daher ist Klang ein Ereignis, dass häufig durch die Beschreibung einer persönlichen Wirkung darstellt wird. Man empfindet Klänge z. B. als schön oder als störend, als laut oder als leise. Damit ist eine Wertung gemeint, die jedoch nicht aussagt, welche Eigenschaften der Klang hat. Klänge lösen bei Menschen emotionale Wirkungen aus, sie können ansprechen oder anregen und eröffnen damit Perspektiven heilpädagogischen Arbeitens.

◆ *„Die unendliche Vielfalt von Klängen, die Übergänge zu Geräuschen und zum Lärm, die Unfassbarkeit und das amorphe Verhalten der Klänge, ihre unerwarteten Wechsel oder ihre unberechenbaren Wirkungen entsprechen der Vielfalt menschlicher Gefühle. Sprachlich gelingt meist nur eine metaphorische Annäherung an ein aktuelles Gefühl, musikalisch ist jeder Klang als Schwingung bereits Gefühl."*
(Hegi, Komponenten, 1996, S. 176)

Aufgaben

1. *„Ein dunkler Klang ..."* In welchem inhaltlichen Zusammenhang wird das Adjektiv der Formulierung normalerweise verwendet? Was bedeutet es im vorliegenden metaphorischen Zusammenhang? Wie klingt das beschriebene akustische Ereignis und welche Wirkung übt es aus?
2. Welche Vergleiche und weiteren metaphorischen Annäherungen zur Beschreibung von Klängen kennen Sie? Erläutern Sie jeweils kurz den ursprünglichen Sachverhalt, aus dem die Metaphern stammen und stellen Sie anschließend mögliche Wirkungen der beschriebenen Klänge dar.
3. Welche emotionalen Zustände können ausgewählten Vergleichen und metaphorischen Annäherungen zugeordnet werden? Beispiele: Ein düsterer Klang kann Angst auslösen. Ein glockenartiger Ton bewirkt Geborgenheit. Ein scharf klingendes Geräusch löst einen Schrecken aus. Suchen Sie weitere Zuordnungen.
4. Versuchen Sie einen Klang so genau wir möglich zu beschreiben. Welche Möglichkeiten der Darstellung (Vergleich, Metapher, Dauer, Klangwirkung) nutzen Sie? Welche Klänge entziehen sich einer sprachlichen Darstellung? Worin besteht der Grund?
5. Vergleichen Sie „Klang" mit den Komponenten Rhythmus und Melodie. Welche der drei Komponenten ist hinsichtlich seiner emotionalen Wirkung der Unmittelbarste?

Die Auseinandersetzung mit Klängen unterscheidet sich von den musikalischen Aktivitäten, die sich auf die Beschäftigung mit Rhythmen und Melodien beziehen. Gemeinsam ein Lied zu singen oder es mit Instrumenten zu begleiten, sind übliche musikalische Handlungen, deren Gestalten und Erleben wir gewohnt sind. Einen Klang hingegen z. B. durch einen Schlag auf einen Gegenstand zu produzieren und seinem Verklingen nach zu lauschen, beinhaltet zunächst nur wenige äußere, sichtbare Aktivitäten, die aber bereits musikalisches Handeln sind. Gestaltet wird ein Klangereignis, dessen Einmaligkeit u. a. von der Intensität des Schlages, vom Anschlagsort, von den verwendeten Materialien und vom umgebenden Raum abhängt. Das Erleben des Klanges ist bei den Zuhörern von einer Einzigartigkeit der emotionalen Teilhabe gezeichnet, die vielfältiger sein kann als das gemeinsame Singen und Begleiten eines Liedes.

Aufgaben

1. Sie liegen in entspannter Haltung und lauschen dem Verklingen eines Gongschlages nach. Anschließend notieren Sie Ihre Gefühle und Assoziationen auf ein Blatt Papier und fügen dieses zu einem Cluster zusammen. Beschreiben Sie die Vielfalt der Gedankengänge und vergleichen Sie diese mit dem Gruppengefühl beim Singen eines Liedes oder bei einer anderen musikalischen Aktivität.

2. Weisen Sie die Einmaligkeit eines Klangereignisses nach, indem Sie die Unterschiede bei der Wiederholung mit anderen Materialien und unter anderen räumlichen Bedingungen benennen.

Klänge eröffnen neue Erfahrungsräume. Die Unabhängigkeit von Rhythmus und Melodie und die damit verbundene Offenheit der Hörerwartungen erweitern das Potential musikalischer Ausdrucksmöglichkeiten. Klangliche Darstellungen vermitteln nicht nur Ausgleich oder Harmonie, sondern durch ihre bildhafte und metaphorische Aussagekraft sind sie in der Lage, positiv wie negativ erlebte Gefühlsäußerungen umzusetzen. Der Ausdruck des Missklanges gewinnt aus heilpädagogischer Sicht dort an Bedeutung, wo seelische Verletzungen und Fremdbestimmung Sprachlosigkeit bewirkt haben.

 „Eine methodische Handlungsfähigkeit innerhalb der unübersehbaren Skala von Gefühlen kann durch ein Schema von vier Gefühlsfeldern, den Grundgefühlen erreicht werden: 1. Schmerz und Trauer; 2. Wut, Zorn und Aggression; 3. Lust und Freude; 4. Angst und Furcht. Zwischen diesen Grundgefühlen liegt jeweils die graue Gefühlszone „unbestimmt, unsicher, dumpf, ambivalent." Kinder bewegen sich sehr klar in den vier Grundgefühlen, wechseln schnell von einem zum anderen oder leben eines bis zum vollen Ausdruck aus. (…) Das Blockieren von Gefühlen (überhaupt), wie das Erwachsene im Dienste des Funktionierens oft tun, formt unsichere, von äußeren Aufträgen abhängige, profillose Persönlichkeiten. Eine chronische Vermeidung von Gefühlen psychomatisiert sich bekanntlich in Störungen und Krankheiten des Körpers."
(Hegi, Komponenten, 1996, S. 177)

Aufgaben

1. Erkundigen Sie sich im Fach Psychiatrie über die Entstehung und die Erscheinung psychosomatischer Krankheiten.
2. Finden Sie Klangerzeuger, die jeweils ein Grundgefühl der vier Gefühlsfelder, die im obigen Zitat benannt werden, darstellen können. Stellen Sie diese Klänge Ihrer Gruppe vor. Sind die Zuordnungen der Klänge ein- oder mehrdeutig? Erläutern Sie, inwieweit ein bestimmter Klang ein oder mehrere Gefühle vertreten kann.
3. Inwieweit kann der Ausdruck durch Klangdarstellungen psychisch belasteten Menschen Hilfestellungen vermitteln?

Einige Komponisten der zweiten Hälfte des 20. Jahrhunderts haben ihre Werke hinsichtlich der Komponenten Rhythmus und Melodie reduziert und die Verwendung von Klangfolgen in den Vordergrund ihrer Arbeit gestellt. Die entstehenden Werke werden unter dem Begriff Avantgardemusik der Nachkriegszeit zusammengefasst. Die Musiktherapeutin Dietmut Niedecken stellt die Klangerfahrungen dieser Musik in den Zusammenhang ihrer Arbeit mit Klängen in einer Gruppe schwerst geistig behinderter Männer.

 „Es ist die Erfahrung dieser Musik, die mich befähigt, in psychotherapeutischer Haltung bei den Männern und zugleich in der Welt zusein, also die Verbindung zwischen ihnen und der Welt herzustellen, ohne ihnen Fertigkeiten abzuverlangen, die sie entweder gar nicht haben oder die sie nur völlig funktional als ihr totalitäres Falsches Selbst, also in Abwehr von Todesangst, haben entwickeln können. (...) Vielmehr höre ich ganz genau hin, mit aller Spannkraft meines an der Avantgarde-Musik geschulten Ohres, um in der Berührung der Extreme von menschlicher Reduzierung auf den Körperreflex (...) jenen Übergangsraum zu finden, in welchem meine Gruppenmitglieder endlich nicht mehr aus der Geschichte und aus der Kultur herausfallen."
(Niedecken, Rekonstruktion von Raum und Zeit, 1994, S. 178)

Aufgaben

1. Hören Sie ein Werk der Avantgardemusik, z. B. „Threnos den Opfern von Hiroshima" des Komponisten Krzysztof Penderecki. „Threnos" ist eine Totenklage. Klären Sie im Vorfeld die Bedeutung der japanischen Stadt und welche Szenarien sich im Jahr 1945 dort abgespielt haben können. Welche Bedeutung hat der Klang dieser Musik für Sie unter der Berücksichtigung des Titels?
2. Inwieweit öffnet die Auseinandersetzung mit dieser Musik das Verständnis von klanglichen Gestaltungen durch Menschen mit und ohne Behinderung? Was können Sie diesen klanglichen Gestaltungen entnehmen, wenn Sie genau zuhören? Warum sollte ein Heilerziehungspfleger diese oder andere Möglichkeiten des klanglichen Ausdrucks kennen und verstehen lernen?
3. Gestaltungsversuch: Geben Sie sich ein Thema vor und gestalten Sie es in Form einer improvisierten Klangfolge. Treffen Sie bei der Entwicklung der Musik so viele Absprachen wie nötig. Fertigen Sie eine Aufnahme an und erörtern Sie die Bedeutung der Klangfolge hinsichtlich der Themenstellung.

4.1.2   Ausdrucksvielfalt der menschlichen Stimme

Unter den Klangerzeugern stellt die Stimme die engste Verbindung zwischen einer Emotion und einem zugehörigen Klang her. Die Bandbreite der Gefühle, die der Stimmklang vermittelt, reicht von Ärger und Wut bis zu Wohlbefinden und Euphorie. Singen ist nur eine dieser möglichen emotionalen Ausdrucksformen, daher findet sich die Erarbeitung zur Ausdrucksfähigkeit der Stimme in Kapitel 4, während Grundlagen der Tonbildung mit der Stimme in Kapitel 3 erläutert sind. Der Stimmklang ist ein Unterscheidungsmerkmal, welches eine sprechende Person und ihre Stimmungslage eindeutig identifiziert. Im Gespräch mit dem Klienten erfährt der Heilerziehungspfleger am Stimmklang Informationen, die der Mensch mit Behinderung nicht in Worte fasst. Das Timbre, d. h. der künstlerische Stimmklang von Sängern und Schauspielern fasziniert uns. Er ist uns fast unmerklich so sehr bedeutend, dass uns eine neue Synchronstimme eines bekannten Schauspielers zunächst enttäuscht. Stimmklänge wie das Brüllen, Kreischen, Weinen, Lachen u. v. m. sind eindeutig den im Zitat auf S. 102 angeführten vier Gefühlsfeldern zuzuordnen. Die an der Funktion der Stimme beteiligten Körperteile werden in alltäglichen Redewendungen zur Darstellung von persönlicher Betroffenheit genutzt. Hierin bestätigt sich der enge Zusammenhang zwischen Klang und Gefühlsausdruck: Man bekommt etwas in den falschen Hals, es verschlägt einem die Sprache, etwas ist atemberaubend, es schnürt einem die Kehle zu, man macht sich Luft. Auch diese Liste ist fortsetzbar.

Aufgaben

1. „Per-son" kommt von „sonare" und bedeutet „durch den Klang". Versuchen Sie Mitglieder Ihrer Klasse am Stimmklang zu bestimmen. Schließen Sie dazu die Augen und hören Sie ausgewählten Stimmen zu. Welche Personen sind eindeutig erkennbar, welche klingen ähnlich?
2. Erarbeiten Sie im Fach Biologie / Gesundheitslehre den physiologischen Aufbau und die Funktionsweise der Stimme. Berücksichtigen Sie dabei die Bedeutung von Atmung, tonerzeugendem Apparat und Resonanzapparat. Fahren Sie anschließend

in einem fächerverbindenen Unterrichtsansatz fort, der die praktische Umsetzung der Stimmfunktionen darlegt. Wie wird das Timbre, d. h. der individuelle Stimmklang erzeugt? Literatur zur Weiterarbeit: z. B.: Schmidinger, Josef: Biodynamische Stimmbildung, Bundesverlag, Wien 1984. Heizmann, Klaus: 200 Einsingübungen, Schott, Mainz 2002.

3. Ein weiterer fächerverbindender Ansatz zum Stimmklang ergibt sich aus der Zusammenarbeit mit dem Fach Deutsch / Kommunikation: Erarbeiten Sie die Aussagefähigkeiten des Stimmklanges im Zusammenhang mit den Kommunikationstheorien von Paul Watzlawick und Friedemann Schulz von Thun.

4. Wann nutzen Sie die Ausdrucksfähigkeiten Ihrer Stimme im Alltag? Stellen Sie Beispiele aus Ihrer pädagogischen und organisatorischen Arbeit mit Menschen mit Behinderung vor. Welchen Menschen mit Behinderung bietet Ihr Stimmklang eine bedeutende Orientierung?

5. Welche erzieherischen Maßnahmen können Sie mit Hilfe Ihres Stimmklanges wirkungsvoll umsetzen? Können Kollegen Ihre Meinung bestätigen oder wirft das Hören Ihres Stimmklanges durch eine weitere (vertraute) Person neue Aspekte Ihres Handelns auf? Lohnt es sich, den Stimmklang in typischen Situationen einmal zu überdenken?

6. Versuchen Sie einen Mitschüler mit Hilfe der Verstellung Ihres Stimmklanges zu einer Tätigkeit zu bewegen. Welchen bestimmenden Ton wählen Sie? Wie glaubhaft wirkt Ihr Stimmklang?

7. Welche emotionalen Zustände und Bedürfnisse entnehmen Sie dem Stimmklang von Menschen mit Behinderung, die Sie gut kennen? Inwieweit eröffnet der Stimmklang dort Perspektiven, wo andere Mitteilungsebenen aufgrund von Behinderung nicht genutzt werden können? Geben Sie Beispiele aus Ihrem Praxisalltag.

Neben der kultivierten Ausdrucksweise durch die Sprache artikuliert die Stimme eine Reihe archaischer Laute, die sich im Laufe der Evolution entwickelt haben und die heute noch Ausdruck extremer emotionaler Belastungen sein können.

◆ *„Mit dem animalischen Erbe ist dem Menschen auch seine Fähigkeit zur nonverbalen Kommunikation überkommen: sein relativ großes Repertoire an elementarer unbegrifflicher Ausdrucksleistung. (...) das Brüllen als Zeichen der Aggressivität, das Kreischen vor Furcht, das Schreien vor Angst und Schmerz, das freundliche „Grunzen", die besänftigende Kindchen-Stimme, das Lachen, das Weinen etc."*
(Wagner und Sander, Zur kommunikativen Wirkung von Singstimmen, 1990, S. 97)

Andere kaum hörbare Gefühlsäußerungen sind unmittelbar mit Teilen des Stimmapparates gekoppelt:

◆ *„Ich behaupte, dass auf der jetzigen Entwicklungsstufe des Menschen die stimmerzeugenden Organe eine weitere „Schutzfunktion" besitzen im Sinne eines „emotionalen Ventils": Der Kehlkopf (...) sowie der Unterkiefer (...) arbeiten Hand in Hand, wenn es darum geht, belastende oder angstbesetzte Gefühle zurückzuhalten. Das Aufeinanderpressen der Zähne bei zurückgehaltenem Ärger, das Zusammenpressen der Lippen bei Traurigkeit, das Zurückhalten des Atems bei Angst etc. verhindern einerseits das ungehemmte Hinausströmen von Gefühlsäußerungen und können andererseits das Hereinströmen von unangenehmen emotionalen Botschaften, die mich überfordern oder die mir Angst machen, abschwächen."*
(Rittner, Stimme, 1996, S. 361)

Die in den Zitaten genannten Mitteilungsformen werden bei der Vokalimprovisation genutzt. Hier werden bewusst die stimmhaften und stimmlosen Äußerungen artikuliert, die emotionsbetont sind und die im Verlauf der Kindheit eines Menschen aufgrund sozialer Anpassungen unterdrückt werden. Die gebildeten Laute müssen nicht bedeutungtragend sein und werden z. B. gemäß einer Gestaltungsidee erfunden. Was zunächst als Reaktion wie z. B. Ärger oder Freude auf äußere Umstände entstanden ist, soll durch die Vokalimprovisation als mitschwingendes Spektrum von bewussten und unbewussten Gefühlen angeregt werden. Die Vokalimprovisation führt ihren Darstellern emotionale Anteile früherer Entwicklungsphasen vor und baut Hemmungen durch das Überschreiten von Verhaltensnormen ab. Angeregt werden anale und orale Lautnachahmungen wie schmatzen, rülpsen, schlürfen, schnalzen u. v. m. Weitere Anteile sind geräuschhafte Elemente wie die Artikulierung von Konsonanten oder die Nachahmung von Instrumentenklängen. Vokalimprovisation ermöglicht die Kompensation von psychischen Belastungen, und sie bietet in Form spielerischen Verhaltens die Möglichkeit zur Provokationen.

Aufgaben

1. Im Zitat wird von einer Schutzfunktion der stimmerzeugenden Organe als ein „emotionales Ventil" gesprochen. Erläutern Sie diesen Vergleich.
2. Welche weiteren archaischen Stimmäußerungen, die Ausdruck emotionaler Belastungen oder Ausdruck eines bestimmten Entwicklungsstandes sind, kennen Sie?
3. Können Sie Lautbildungen der Vokalimprovisation auch ohne die Anregung einer spielerischen Situation aus der eigenen Motivation der Darstellenden beobachten? Aus welchen Gründen werden die Laute artikuliert?
4. Diskutieren Sie in Ihrer Gruppe, welche Situation eine improvisierte Darstellung typischer Laute herbeiführen wird. Welche positiven Auswirkungen können sich im Rahmen einer Gestaltung einstellen und welche Probleme können in der Annahme von Rollen auftreten? Wo liegen die Chancen und wo die Grenzen dieser abweichenden Verhaltensformen? Was ist lustvoll, was wird der Gruppe unerträglich?
5. Erstellen Sie eine Klangcollage durch eine Vokalimprovisation. Welcher gestaltender und künstlerischer Reiz entsteht?

Vokalsingen und Summen sind Darstellungen des Stimmklanges mit Hilfe von Tonhöhen. Im Gegensatz zum gesungenen Text im Lied ist das Singen von Vokalen frei von inhaltlichen Bedeutungen, die ein Sänger notwendiger Weise auch vertreten muss. Er wird hier nicht zum Botschafter einer fremden Aussageabsicht. Das Summen ersetzt einen Liedtext, der gerade nicht zur Hand ist oder es kann der erste Schritt einer stimmlichen Aktivität sein, die die weitere Öffnung der Klangräume der Stimme anschließt. Summen ermöglicht die Kontrolle von Tonhöhen und gegebenenfalls die Korrektur der eigenen Stimme.

Das Singen auf Vokalen geht einher mit einem stetigen, dosierten Atemfluss, der nicht durch Wort- oder Satzenden durchbrochen ist. Im Gegensatz zu den Konsonanten lassen sich die Vokale lange dehnen und sie sind die authentischeren Träger des Stimmklanges. Vokalsingen in einer Gruppe führt die Teilnehmer bisweilen in einen der Trance ähnlichen Zustand.

 „Klangliche Interaktion in gemeinsamen, freien, achtsamen Tönen führt zu einem schwebenden Eingebundensein, zu frei flottierender Begegnung (...) der verschmelzenden Stimmklänge, zu diffusem Kontakt als Teil des Ganzen. In der Regel entsteht sehr schnell ganz von selbst das Bedürfnis, die

Augen zu schließen, um gänzlich ins Hören und sinnliche Spüren „einzutauchen". Nähe und Distanz werden durch Dissonanz und Konsonanz des Tonabstandes reguliert oder durch Veränderung der Vokalfärbungen. Auch diejenigen, die stimmlich nichts von sich geben mögen, haben sinnlichen Anteil an diesem Geborgensein im Gruppenklang."
(Rittner, Stimme, 1996, S. 365)

Übungen und Aufgaben

1. Wählen Sie eine Ihnen angenehme Tonhöhe und stellen Sie die fünf Vokale für sich singend dar. Nehmen Sie anschließend ein Melodieinstrument und singen Sie die Vokale auf Tonhöhen, die Sie sich selbst vorspielen. Sollten sich mehrere Sänger im Raum aufhalten, nutzen Sie verschiedene Instrumentenklänge. Wenn Sie sich beim Singen ein Ohr zuhalten, hören Sie den eigenen Stimmklang besser.
2. Beginnen Sie weitere Einzelübungen sehr leise und steigern Sie die Lautstärke vorsichtig. Setzen Sie mit Ihrem Stimmklang Eigenschaften wie „zart", „innig", „behutsam" u. Ä. um. Welche Erfahrungen machen Sie?
3. Ertasten Sie während des Singens verschiedener Vokale mit der Hand die Vibrationsräume Ihres Körpers.
4. Singen Sie gemeinsam mit einem (vertrauten) Partner verschiedene konsonante und dissonante Intervalle. Nutzen Sie bei Bedarf die Hilfestellung durch ein Melodieinstrument. Wechseln Sie dabei auch die Vokale. Welche Formen der Nähe und der Distanz zum Partner beobachten Sie in Abhängigkeit von Konsonanz und Dissonanz und der verschiedenen Lautbildungen?
5. Führen Sie eine gemeinsame Gestaltung auf improvisiert gesungenen Vokalen durch. *„Achtsam zu tönen"*, so die Formulierung des Zitates, bedeutet während des Singens den Klang der Gruppe zu beachten. Vergleichen Sie das Erleben in Ihrer Gruppe mit den beschriebenen Reaktionen. Wie erklären Sie sich den tranceartigen Zustand? Welchen Zeit- und Übeaufwand bedarf es, um diesen Zustand zu erreichen?
6. Finden Sie Zeichen für Arme und Hände, die den Vokalklang darstellen. Z. B.: „a" durch ausgebreitete Arme mit waagerechten Handflächen. „i" durch senkrechte Handflächen usw. Führen Sie mit der Gruppe auf ein Zeichen einen sehr langsamen Vokalwechsel aus, bei dem alle Teilnehmer die Zeichen mit darstellen.
7. Vergleichen Sie die Fähigkeiten der Stimme mit den Darstellungsmöglichkeiten von Instrumenten. Können Sie bei einer instrumentalen Darstellung ähnliche Bewusstseinszustände erreichen?
8. Welche befangenen und unbefangenen Reaktionen beobachten Sie bei der Durchführung von Vokalimprovisationen und Vokalsingen bei Menschen mit und ohne Behinderung? Können Sie Hemmungen auffangen und Entwicklungen beobachten?

4.1.3   Zusammenklang: Resonanz, Konsonanz, Dissonanz, Harmonie und Klangfarbe

Jeder Eindruck eines akustischen oder musikalischen Ereignisses ist durch den Zusammenklang verschiedener Tonhöhen, den sogenannten Obertönen, bestimmt. Die Farbe eines Klanges ergibt sich aus seinem Grundton und den weiteren mit schwingenden Obertönen. Die einzelnen Obertöne sind für uns nicht bewusst hörbar, aber sie vermitteln uns die charakteristischen Eigenschaften eines Klanges. So ist z. B. der individuelle Klang einer

Klangschale durch das einmalige Spektrum von Obertönen bestimmt. Die gleiche Tonhöhe an zwei verschiedenen Instrumenten gespielt, unterscheidet sich durch den Gehalt an Obertönen. Der Begriff der Resonanz bezeichnet das Mitschwingen weiterer Materialien an der Klangquelle zur Verstärkung der Lautstärke und Gestaltung der Klangfarbe. Ein Klang entsteht also durch ein gemeinsames Schwingen mehrerer Materialien und mehrerer Töne.

Grundlage eines angenehmen Zusammenklanges verschiedener Tonhöhen ist ihre Abstimmung hinsichtlich eines Orientierungstones. Namengleiche Töne auf verschiedenen Instrumenten sind gleich hoch gestimmt. „In Stimmung zu sein" bedeutet, sich im harmonischen Ausgleich mit der Umwelt zu befinden. In musikalischer Sicht bezeichnet die Harmonie den Zusammenklang zweier oder mehrerer Töne. Dabei liegt das Empfinden darüber, was der Zuhörer als harmonisch empfindet, im Spannungsfeld zwischen konsonanten (harmonisch zusammenklingend) und dissonanten (misstönend, nach Auflösung strebend) Zusammenklängen der Tonhöhen. Der Hintergrund der Empfindung hängt vom musikalischen Kulturkreis, von den Hörgewohnheiten und der aktuellen emotionalen Verfassung des Zuhörers ab. In unserem Kulturkreis gelten z. B. die Intervalle Terz und Sexte als konsonant und die Sekunde oder Septime als dissonant. In ihrer Abfolge bauen dissonante Intervalle eine Spannung auf, die sich in konsonanten Intervallen auflösen. Die Bevorzugung von dissonanten oder von konsonanten Intervallen in einem freien Spiel kann als Ausdruck der inneren Anspannung bzw. als Ausgeglichenheit des Spielers verstanden werden. Der Harmoniebegriff mit konsonanten oder dissonanten Ausdrucksmöglichkeiten bezeichnet auch die Suche nach einem Ausgleich hinsichtlich angenehmer oder belastender Situationen, die der Spieler durchlebt haben kann.

„Die Harmonie der freien Improvisation besteht in Stimmigkeit, Ehrlichkeit, Echtheit und Direktheit, egal ob im Guten oder im Bösen. Solche Harmonie tut auch wohl, wenn ihr Klang schwierig, nach musikalischen Kriterien unmöglich erscheint, weil sie Zusammenhang zwischen Gefühl und Ausdruck verrät. Disharmonisch erklingt z. B. eine Stimme, die geübte Freundlichkeit ausdrückt und Wut meint. Disharmonie ist auch hörbar, wenn harmonisches Spiel gefordert wird und niemand Lust dabei empfindet, weil vorher vielleicht gestritten wurde."
(Hegi, Improvisation und Musiktherapie, 1993, S. 81)

Aufgaben

1. Die im Text genannten musikalischen Begriffe haben auch Bedeutungen, die im emotionalen und sozialen Kontext liegen. *„Resonanz haben, sich abstimmen, in Harmonie leben, angespannt oder entspannt sein."* Erläutern Sie die Begriffe hier, und überlegen Sie, warum sie zur Bezeichnung musikalischer Sachverhalte verwendet werden.
2. Finden Sie die übertragene Bedeutung des Harmoniebegriffes aus dem Zitat in Ihrem Lebens- und Arbeitsumfeld wieder? Berichten Sie von entsprechenden Erfahrungen. Inwieweit kann eine symbolische Auffassung von Handlungen Ihr Verständnis für die Handelnden fördern?
3. Tragen Sie Musikbeispiele anderer Kulturen zusammen, die unserer Einschätzung nach dissonant klingen. Wie gefällt Ihnen diese Musik? Finden Sie weiterhin Musikbeispiele, die eher konsonant (z. B. aus der Volksmusik) oder eher dissonant (z. B. aus dem Jazz) orientiert sind.
4. Beschreiben Sie ihren Musikgeschmack mit den Begriffen Harmonie, Konsonanz und Dissonanz. Stellen Sie der Klasse Musikbeispiele vor. Können Sie einen

Zusammenhang zwischen Persönlichkeitsmerkmalen und der Vorliebe einer bestimmten Musikrichtung erkennen?

5. Beschreiben Sie die Klangerzeugung an verschiedenen Musikinstrumenten. Wo wird das Instrument gestimmt, welche Teile werden in Schwingungen versetzt und wo befindet sich der Resonanzkörper?

6. Schlagen Sie verschiedene Zusammenklänge von zwei Tönen an und beschreiben Sie Ihr musikalisches Empfinden. Finden Sie die Klänge dissonant, konsonant oder sind Sie unentschlossen?

7. Erstellen Sie ein Hörprotokoll dissonanter und konsonanter Zusammenklänge, die ein Spieler vorträgt. Legen Sie dazu eine überschaubare Zahl von langsam gespielten Tönen in zwei gleichzeitig klingenden Melodien fest. Lassen Sie die Melodien auch durch zwei Spieler darstellen. Wie klingen beide Melodien zusammen?

8. Führen Sie an einem oder mehreren Melodieinstrumenten ein Rollenspiel in Form eines musikalisches „Gespräches" durch. Es sollen verschiedene Ausdrucksmittel wie Dissonanz, Konsonanz, langsames, schnelles, lautes oder leises Spiel usw. das „Stimmungsbild" der gespielten Rolle vermitteln.

9. Können Ihnen die eigenen Gestaltungen beim Verstehen der Spielweisen anderer helfen? Wo beobachten Sie Menschen mit und ohne Behinderung, die durch ihren musikalischen Ausdruck emotionale Zustände ausgleichen oder widerspiegeln?

Ein Zusammenklang aus drei Tönen wird Akkord genannt. Ein harmonischer Eindruck entsteht dabei dann, wenn man das konsonante Intervall der Terz zweimal über einem beliebigen Grundton schichtet. Wird dieser Vorgang über den Grundtönen des ersten und des fünften Tones einer Tonleiter durchgeführt, entstehen zwei Akkorde, die im wechselnden Spiel das harmonische Prinzip von Ausgleich und Anspannung darstellen. Der Klang des Akkordes der ersten Stufe ist zunächst wohlklingend, wobei ein Zuviel an Ausgeglichenheit einseitig ist. Der Anspannung erzeugende Gegenpol wird durch das Spiel des Akkordes auf dem fünften Tonleiterton dargestellt. Ein ausgeglichener Eindruck entsteht beim Zuhörer durch den verlässlichen Wechsel zwischen beiden Akkorden.

Notenbeispiel: Dreiklänge auf jeder Stufe, 1. und 5. Stufe markiert:

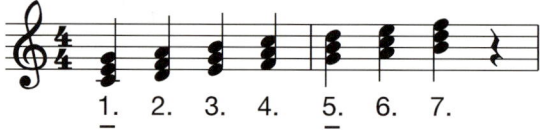

Aufgaben

1. Schichten Sie auf jedem Ton der C-Dur Tonleiter, wie im Notenbeispiel angegeben, zweimal hintereinander das Intervall einer Terz. Spielen Sie anschließend die entstandenen Dreiklänge von den Grundtönen C bis H. Verwenden Sie unter Umständen den Tastenstempel für das Klavier (siehe S. 26).

2. Stellen Sie den Wechsel zwischen dem Akkord des ersten Grundtones, dem C-Akkord und dem Akkord des fünften Grundtones, G genannt, dar. Sie sitzen dazu im Kreis und teilen die Töne beider Akkorde auf die Ihnen zur Verfügung stehenden Instrumente auf. Die Töne C, E, G und die Töne G, H, D sollen anschließend durch zwei farbige Kreise dargestellt werden, die in der Mitte des Kreises liegen. Ein Schüler betritt den Kreis, der den C-Akkord darstellt, und für die Zeit spielt die

Klasse diesen Akkord in einem gemeinsamen Rhythmus. Anschließend wechselt der Schüler auf die zweite farbige Fläche, was für die Spieler der Anlass ist, die Töne des G-Akkordes zu spielen. Im Folgenden wird eine Pendelbewegung zwischen beiden Akkorden durch den Wechsel des Schülers zwischen den beiden Flächen dargestellt.

3. Beide Akkorde können zur Begleitung zahlreicher Lieder genutzt werden. Probieren Sie die Begleitung von Liedern nach ihrem Gehör. Die Liedbegleitung beginnt immer auf dem Akkord des ersten Tones der Tonleiter, in diesem Fall also auf dem C-Akkord. Das Lied sollte auch mit diesem Akkord beendet werden. Ein Akkordwechsel im Lied findet an den Stellen statt, an denen Sie das Gefühl haben, dass Melodie und Akkord in einem Spannungsverhältnis stehen, das nur durch einen Akkordwechsel aufgelöst werden kann. Singen und begleiten Lieder wie Mensch sing mit, Mein Hut, der hat drei Ecken, Sabinchen war ein Frauenzimmer u. v. m.

Die Begleitung durch Dreiklänge bietet den Singenden eine Stütze und Orientierung hinsichtlich des Tonhöhenverlaufes und trägt dazu bei, ein gleichmäßiges Tempo zu halten. Die Akkordbegleitung verhilft der Gestaltung eines Liedes zu einem harmonischen Klang. Beim Spiel einer Liedbegleitung nach dem Gehör gibt der Melodieverlauf Aufschluss über den Zeitpunkt des Akkordwechsels. Die Melodien zahlreicher Lieder bestehen aus Tönen, die auch im begleitenden Dreiklang vorkommen und aus Tönen, die dreiklangsfremd sind. Unser musikalisches Empfinden toleriert das dissonante Verhältnis einiger Töne, die nicht in Beziehung zum begleitenden Dreiklang stehen. Nimmt die Zahl der Töne, die nicht dem Dreiklang angehören, pro Takt zu, bietet sich ein Wechsel zu einem anderen Akkord an.

Eine Erweiterung der harmonischen Ausdrucksfähigkeit stellt die Hinzunahme des Dreiklanges auf dem vierten Ton einer Tonleiter dar. Zusammen mit dem F-Akkord, bestehend aus den Tönen F, A, C, kann das Tonmaterial der drei Begleitakkorde zur diatonischen Tonleiter zusammengestellt werden. Eine Melodie und eine Begleitung können jetzt zusammen harmonieren, weil beide Teile auf dem gleichen Tonvorrat begründet sind.

C – Akkord: C E G	Anordnung der Akkordtöne nach ihrer Tonhöhe:
F – Akkord: F C	C D E F G A H C
G – Akkord G H D	

Die Bestimmung der passenden Begleitakkorde zu einer Melodie aus drei Akkorden ist nach dem Notenbild oder nach dem Gehör möglich. Darüber hinaus führen zahlreiche Liederbücher über der Melodie die Namen der Begleitakkorde an. Mit dieser Hilfestellung können die Akkorde und ihre Wechsel durch den Text, durch den Melodieverlauf oder durch die Anzahl von Takten und Zählzeiten zugeordnet werden.

Aufgabe

Wo finden bei folgendem Liedbeispiel die Akkordwechsel statt? Versuchen Sie eine Bestimmung nach dem Notenbild. Prüfen Sie dazu bei den Melodietönen, mit welchem Dreiklang sie jeweils übereinstimmen. Notieren Sie diesen Dreiklang. In welchem Verhältnis stehen die dreiklangseigenen und dreiklangsgsfremden Noten der Melodie?

T.: Hannes Wader; M.: Gary Bolstadt

1. Heu-te hier, mor-gen dort, bin kaum da, muß ich fort, hab mich

nie-mals des-we-gen be - klagt, hab es selbst so ge-wählt, nie die

Jah - re ge-zählt, nie nach ge - stern und mor - gen ge -

fragt. Manch-mal träu - me ich schwer, und dann

denk ich, es wär Zeit zu blei - ben und nun was ganz

an - dres zu tun. So ver-geht Jahr um Jahr, und es

ist mir längst klar, daß nichts bleibt, daß nichts bleibt, wie es war.

4.2   Praktische Umsetzung

Die Gliederung der praktischen Auseinandersetzungen mit Klängen führt in diesem Kapitel die Selbsterfahrung des Heilerziehungspflegers und die Erfahrungsräume von Menschen mit Behinderung gemeinsam auf. Klangerfahrungen sind weniger an eine didaktische Strukturierung als vielmehr an eine individuellem Zugang des Menschen gebunden. Umgesetzt ist hier eine am Gegenstand strukturierte Auseinandersetzung mit Klängen: die Betrachtung der natürlichen Klangumgebung (Kapitel 4.2.1), die Gestaltung und Formung von Klängen (Kapitel 4.2.2) und die Arbeit mit Klangfolgen (Kapitel 4.2.3).

4.2.1   Annäherungen: Natürliche Klangräume – Klangumgebung

Unser Lebensraum ist mit Klangerzeugern und ihren Klängen angefüllt. An dieses akustische Umfeld sind wir gewöhnt und bewegen uns in Erfahrungsfeldern zwischen Nichtwahrnehmung und Orientierung sowie zwischen Akzeptanz und Belästigung durch Klänge.

Aufgaben

1. Nennen Sie Klänge, die Ihrer Orientierung im Alltag dienen. Welche weiteren Klänge Ihres akustischen Umfeldes selektieren Sie aus Ihrem Wahrnehmungshorizont? Was sind die Gründe?
2. Welche Formen der Behinderung schränken die Möglichkeit der akustischen Orientierung ein? Welches sind die Konsequenzen für die Menschen mit Behinderung? Informieren Sie sich im Fach Biologie/Gesundheitslehre.
3. Die Beeinträchtigung des Hörsinnes durch Behinderung kann die Fähigkeiten zur Wahrnehmung und zur Orientierung reduzieren. Vollziehen Sie diese Beeinträchtigungen nach, indem Sie Wahrnehmungsübungen mit eingeschränkter Hörfähigkeit durchführen wie z. B. Richtungshören mit einem Ohr, Orientierung in einem akustischen Umfeld mit verbundenen Augen, Dämpfung der Höhen des akustischen Umfeldes am Ohr, durch einen Walkman einen leisen Störton auf den Kopfhörer bringen, eine fremde Geräuschkulisse einspielen, Spüren einer Vibration, ohne den dazugehörigen Klang wahrnehmen zu können… . Welche weiteren Situationen können Sie entwickeln? Versuchen Sie auch, verschiedene Beeinträchtigungen zu kombinieren.
4. Tauschen Sie Ihre Erfahrungen aus. Welche Konsequenz hat eine eingeschränkte Wahrnehmung von Klängen auf Ihre Selbstsicherheit? Wie arbeiten Hör- und Sehsinn zusammen? Wie wirkt z. B. ein lautes Geräusch, wenn man es nicht sehend kontrollieren kann?
5. Beschreiben Sie Beispiele der Klänge, die Sie als angenehm, als akzeptabel und als unangenehm empfinden.
6. Suchen Sie Ihnen angenehme Klangorte auf und setzen Sie die folgenden oder ähnliche Anregungen um: der Stille zuhören und vernommene Geräusche benennen, dem Verhallen einer Klangquelle lauschen, Vogelstimmen unterscheiden, die Tonhöhen von Glocken singend darstellen, eine bewegte Klangquelle mit geschlossenen Augen anzeigen, die Position eines Gewitters bestimmen, einen Metallklinger in einem großen Raum zum Klingen bringen und in Schaukelbewegung versetzten, einen klanglichen Ausdruck in erzählte Inhalte oder Assoziationen verwandeln, Klangquellen mit der Stimme nachahmen u. v. m.

7. Beschreiben Sie den Wert dieser Übungen zunächst für sich selbst. Welche Vorstellungskraft wird aktiviert und welche Fähigkeiten zur Klangunterscheidung beobachten Sie? Wie gelingt eine Rückbesinnung auf akustische Reize in methodischer Hinsicht? Finden Sie weitere Beispiele, indem Sie eine Klangwahrnehmung mit einer Handlung verknüpfen.

4.2.2 Einflussnahme auf Klänge und die Klanggestalt

Ein Klang rückt verstärkt in das Bewusstsein des Zuhörers, wenn er abseits der Alltagserfahrung liegt oder wenn er nicht in seiner gewohnten Gestalt erklingt, also eine Veränderung, eine Metamorphose durchlaufen hat. Änderungen an der Klangquelle können bewirken, dass Vertrautes plötzlich neu und interessant klingt. Klangformungen und ihre Rezeption werden anders als bei den Parametern Rhythmus und Melodie bei Darstellern und Zuhörern frei von Vorkenntnissen und Hörerwartungen erlebt. Um einen Klang zu produzieren, gebraucht man weder die Notenlehre noch die Fähigkeit ein bestimmtes gleichmäßiges Spieltempo einzuhalten. Eine Beeinflussung und Gestaltung der Klänge wird vor dem Anschlagsimpuls durchgeführt, danach verbreiten sie eigenständig ihren Ausdruck und ihre Wirkung.

Klänge in Zeit und Raum
Ein Klang macht die Existenz von verfließender Zeit bewusst und führt die Dimensionen des Raumes vor, in dem wir uns aufhalten. Von der Ausbreitung bis zum Verklingen füllt er einen bestimmten Zeitrahmen aus, der sich z. B. in großen Räumen verlängern kann.

Aufgaben

1. Beschreiben Sie Ihre Erlebnisse mit Klängen in verschiedenen Räumen. Berücksichtigen Sie auch das Kapiteleinstiegsbild und zurückliegende Erfahrungen, wie z. B. den Keller, in den Sie als Kind riefen oder die Unterführung, in der Sie gepfiffen haben.
2. Wie beeinflusst der umgebende Raum die Klangquelle? Welche Klangqualitäten ändern sich neben der Klangdauer in unterschiedlichen Räumen? Vergleichen Sie auch den Ausdruck von Klangquellen in einem möbilierten und in einem leeren Raum.
3. Suchen Sie große Räume, wie z. B. eine Kirche auf und erzeugen Sie Klänge mit der Stimme oder mit Instrumenten. Stellen Sie Ihre Gedanken, Bilder und Assoziationen dar, die in Ihnen beim Zuhören entstehen.
4. Wie lassen sich positive Qualitäten des Klangerlebens vermitteln? Überlegen Sie, wie Sie aufgrund Ihrer Selbsterfahrung Menschen mit Behinderung Begegnungen und daran gebundene Assoziationen mit Klängen ermöglichen können.

Zeit- und Raumerfahrung können bei Menschen mit schwerer geistiger Behinderung außerhalb der uns vertrauten Normen liegen. Das Fehlen dieser existentiellen Grundlagen, die uns so selbstverständlich sind, bedeutet ein Leben ohne Erinnerung im Moment *zu haben* (und nicht *zu führen*) und den fehlenden Plan, die kommenden Momente gestalten zu können. Die Wahrnehmungseinschränkung hinsichtlich zeitstrukturierender Erlebnisse bedeutet, die Dinge, die das Leben kurz- oder langweilig machen, nur bedingt zu empfinden. Das

Hören von Klängen und die Stimulanz des Bedürfnisses, einen Klangimpuls aus zu lösen, wird im angeführten Praxisbeispiel als eine Möglichkeit schwer geistig behinderter Menschen verstanden, auf elementarste Weise die eigene Existenz in Raum und Zeit zu erleben.

Aufgaben

1. Berichten Sie zunächst von Ihrem Tagesablauf. Welche Phasen erleben Sie als lang- oder als kurzweilig? Welche Hilfestellungen gibt Ihnen der Umgang mit Musik zum Erleben von Kurzweiligkeit? Beschreiben Sie die Bedeutung von eigenständigem Handeln und Fühlen für das Raum- und Zeiterleben.
2. „Sich auf etwas beziehen zu können" ist eine verbreitete Redewendung. In welchen Zusammenhängen wird sie verwendet? Welche Bedeutung kann die Beziehung zu Mitmenschen oder zu Gegenständen für uns haben?

Die Musiktherapeutin Dietmut Niedecken stellt in folgendem Praxisbericht den Umgang mit Klängen als ein zeitstrukturierendes und raumerfahrendes Moment für eine Gruppe schwer geistig behinderter Männer dar.

„Die Männer meiner Gruppe aber konnten zu Beginn unserer Arbeit weder sich beziehen, (...) noch, und sei es noch so rudimentär, spielen. Sie saßen, lagen oder liefen herum und taten das, was sie immer taten, mal mit, mal ohne Material: sich schlagen, schreien, stumm in sich gekehrt sitzen und sich abwenden, onanieren. (...) In der Gruppe hatten wir anfangs keine Möglichkeit, einander Welterfahrung mitzuteilen – die Männer konnten keinerlei Gebrauch von Symbolen machen, die meinem Verstehen zugänglich gewesen wären. Ihre Abwehr- und Überlebenstechniken erschienen größtenteils autistisch, wenn nicht rein vegetativ. (...)
Wo ein Subjekt handelnd seine eigene Geschichte herstellt, erlebt es Zeit. Wo es aber passiv verwaltet wird, wird das Zeiterleben brüchig, in Institutionen totaler Verwaltung, Heimen, Psychiatrien, Gefängnissen bricht es unter Umständen völlig zusammen. Eindrücklich deutlich wird dieses an Heimkindern, die mitunter als ihr Lebensalter das ihrer Einweisung angeben, auch wenn diese jahrelang zurückliegen sollte. Zeit und Raumempfinden konstituieren sich aus Wünschen, Hoffnung, Sehnsucht, auch aus konkreter Angst. (...)
Wünsche und Ängste müssen erfahrbar gemacht werden. Ich tue dies, indem ich mein Material erst einmal so anbiete, dass es das – äußerst kurzspännige – Interesse der Gruppenmitglieder wecken kann und indem ich dann dieses Interesse so gut und lange als möglich zu halten versuche. (...)
Jeder bekommt einen Klangstab, entweder in die Hand oder neben sich auf den Stuhl, dazu einen Schlegel. Werner spielt drei Töne, stellt dann das Instrument wieder ab und lässt den Schlegel fallen, Wilfried nimmt es erst gar nicht in die Hand, betrachtet es aber interessiert und lächelt dabei verstohlen; alle anderen konnten in der ersten Zeit unserer Arbeit sich auf das Material nur beziehen, wenn der Betreuer oder ich unmittelbar bei ihnen waren. Mit Hilfe des Betreuers versuche ich nacheinander – immer im Versuch, darauf zu achten, wer im Moment einer eigenen Aktivität am nächsten sein mag – die Aufmerksamkeit der Einzelnen für ihren Ton zu wecken, spiele, soweit ich noch eine Hand frei habe, selbst einen anderen Ton dazu. Auch dies geht immer nur kurz, dann ziehen die Männer sich wieder in ihre Autismen zurück. Dieses Spiel (...) ist noch mehr Anforderung an das Selbstwertgefühl: „Wenn ich einen Ton produziere, der von dir beantwortet werden kann, so sind du und ich wirklich in Raum und Zeit angespannt" – angesichts des autistischen, auf Selbstvernichtung angelegten Abwehren der Männer eine große Anforderung."
(Niedecken, Rekonstruktion von Raum und Zeit, 1994, S. 176 ff.)

Aufgaben

1. Vergleichen Sie die dargestellte Ausgangssituation mit Beobachtungen Ihres Praxisalltages. Welche Situationen erleben Sie bei der Arbeit mit schwer geistig behinderten Menschen und welche Konzepte vertritt Ihre Einrichtung?
2. Beschreiben Sie mögliche Gründe einer eingeschränkten Zeitwahrnehmung der Menschen mit Behinderung im geschilderten Praxisbeispiel.
3. Welche Bedeutung eröffnet der Praxisbericht für den elementaren Umgang mit einfachen Klangerzeugern? Inwiefern erleben die Männer Raum und Zeit? Wie agieren sie, wenn sie sich auf die Klänge beziehen? Stellen Sie Verhaltensformen zusammen.
4. Wie können die Handlungen der Männer mit Klangerzeugern durch den Heilpädagogen gedeutet werden? Entwickeln Sie Handlungssituationen und ihre mögliche Deutung.

Klang in Gestalt vibratorischer Erfahrungen

Schwingungen, die sich auf akustischem Wege verbreiten, können auch die umgebenden Gegenstände der Klangquelle in Schwingungen und Erschütterungen versetzen. Sie sind mit dem Tastsinn der Hautoberfläche als Vibrationen wahrnehmbar und können durch die Leitung der materiell festen Knochen von den Füßen bis zum Kopf im ganzen Körper erfasst werden.

Aufgaben

1. Wo sind Klänge auch als Vibrationen erfahrbar? Über welche Körperteile nehmen Sie die Vibrationen auf? Geben Sie verschiedene Beispiele aus Erfahrungsräumen wie Kino, Diskothek, Verkehr u. v. m. Welche emotionalen Bedeutungen haben die Vibrationen? Berichten Sie z. B. von Erlebnissen in Kinofilmen, bei denen Vibrationen in das dramaturgische Konzept des Filmes aufgenommen sind.
2. Führen Sie folgendes gedankliches Experiment durch: Sie spüren mit Ihrem Körper Erschütterungen, wie sie ein z. B. heranfahrender LKW auslöst. Welche emotionalen Reaktionen stellen sich ein? Wie sensibel ist der menschliche Körper gegenüber vibratorischen Erfahrungen?
3. Ertasten Sie mit den Händen die Vibrationen verschiedener Musikinstrumente. Legen Sie die klingenden Instrumente auch auf verschiedene Körperteile. Beschreiben Sie Ihre Erfahrungen.

Bei verschiedenen Instrumenten erlebt der Spielende gleichermaßen die Vibrationen wie den hörbaren Klang: so kann beispielsweise der Klang einer Djembé[1] über den Druck der Oberschenkel übertragen werden, die Vibrationen des Didgeridoos[2] sind über den Ansatz der Lippen im Kopf erfahrbar. Andere Instrumente wie Klangwiegen und Klangliegen werden eigens für die Kombination von Klang- und Vibrationserfahrungen am ganzen Körper

---

[1] Die Djembé ist eine Trommel westafrikanischer Herkunft, die im engen Körperkontakt sitzend oder stehend gespielt wird. Ihr Korpus wird von Hand aus einem Stamm gearbeitet und mit rasiertem Ziegenfell bespannt.
[2] Ein Didgeridoo besteht aus einem hohlen Ast aus Eukalyptusholz und kommt aus Australien. An den Lippen angesetzt, verstärkt es die Schwingungen der menschlichen Stimme.

hergestellt. Auslöser der Schwingungen sind angeschlagene Holzzungen oder Saiten, die durch einen großen Resonanzkörper akustisch verstärkt und mit dem aufliegenden Körper verspürt werden. Das Spiel dieser Instrumente ist eher durch die Kontinuität von ausschwingenden Tönen gekennzeichnet als durch den raschen Wechsel von Tonhöhen. Die Klangerfahrung steht hier vor der Erfahrung einer Melodie.

Die Klangwiege wird mit einer Heumatratze ausgelegt, um die starken und sehr anregenden Schwingungen zu reduzieren.

Die vollständige Einhüllung durch den Ton und die Vibrationen in einer Klangwiege sind verbunden mit der Ausblendung anderer Umweltreize. Der Liegende erfährt mit dem Gefühl der räumlichen Begrenztheit durch das angenehme Material Holz ein Gefühl der Geborgenheit. Gedämpftes Licht kann dabei visuelle Reize minimieren. Eine leichte Schaukelbewegung vermittelt durch ihre Regelmäßigkeit verlässliche rhythmische Erfahrungen. Die Nutzung der Klangliege geht mit einer passiven, sich ergebenden Rolle einher, denn die Bewegungs und Klangimpulse werden von einer außenstehenden Person auslöst. Instrumente, die körperlich erfahrbare Vibrationen übertragen, sind häufig auch durch einen typischen „ursprünglichen" Klang ausgezeichnet, der nicht durch technische Entwicklungen einem Klangideal nachgezeichnet ist.

 „Die Klangarchetypen („Archetyp" bedeutet Urbild, Urform, d. Verf.) der unterschiedlichen tranceför-dernden Instrumente vermögen Erfahrungen und Empfindungen aus dem allerfrühesten Klang-raum, der den Menschen umgibt, wiederzuerleben. Sie knüpfen an das menschliche Hören im Mut-terleib an: so kann z. B. die Trommel, die in einem bestimmten gleichförmigen Rhythmus gespielt wird, an das Pulsieren des Blutes und den Herzschlag oder das Didgeridoo an die Darmgeräusche der Mutter erinnern."
(Rittner, Hess, Klangtrance, 1996, S. 171)

Aufgaben

1. Unter Trance versteht man eingeengte Bewusstseinszustände wie Benommenheit oder meditative Entrückung in Verbindung mit einem zeitweiligen Kontrollverlust. (vgl. Schülerduden Psychologie 1996, S. 413 oder andere Quellen). Tragen Sie weitere Informationen zur Trance zusammen. Wer aus Ihrer Lerngruppe hat den Zustand der Trance bereits im Zusammenhang musikalischer Gestaltungen erleben können? Wie gelangt man in diesen Zustand?

2. Neben den genannten Instrumenten gelten z. B. das Monochord, Gongs und Tam-tams oder Klangschalen als trancefördernde Instrumente. Hören Sie in einem angemessenen äußeren Rahmen den Instrumenten zu, die Ihnen zur Verfügung stehen. Welche klanglichen und vibratorischen Eigenschaften tragen zur Entwick-lung eines tranceartigen Zustandes bei?
3. Vergleichen Sie die akustischen und vibratorischen Wirkungen einer Klangwiege oder von Instrumenten vergleichbarer Nutzungsmöglichkeit mit der pränatalen Situation im Mutterleib. Welche gemeinsamen Aspekte weisen beide Schutzräume auf?
4. Welche Bedeutungen können die Erfahrungen in einer Klangwiege für Menschen mit Behinderung haben? Suchen Sie auch das Gespräch mit in dieser Hinsicht erfahrenen Praxisanleitern oder Therapeuten und berichten Sie in der Klasse. Durch welche beobachtbaren Reaktionen des Menschen mit Behinderung sind die Klang und Schaukelimpulse des Heilerzeihungspflegers bestimmt?

Selbstbauinstrumente – Didaktische Aspekte der Umsetzung

Glasglockenspiel

Die Beschäftigung mit Selbstbauinstrumenten bezieht vorbereitende Handlungen einer musikalischen Gestaltung mit ein. Voraus gehen planende Gespräche, wie die Material- und Werkzeugbeschaffung, eine Phase des Instrumentenbaues und ihrer Erprobung sowie die Erfindung, die Absprache bzw. Notierung eines Musikstückes. Selbstbauinstrumente verbinden werkende und gestaltende Kreativität mit vielfältigen sozialen Interaktionen und der Frage, welches individuelle Instrument zwischen Wunschvorstellung und Realisierungs-möglichkeit geschaffen werden kann.

Nach der Zugangsweise des Spielenden und der Art der Tonerzeugung lassen sich Selbstbauinstrumente in fünf Instrumentengruppen unterteilen. Dabei stellen sich unterschiedliche instrumentale Anforderungen an den Spielenden dar. Blasinstrumente (Aerophone) werden durch eine bestimmte Lippenformung und den angeblasenen Luftdruck des Spielers zum Klingen gebracht (z. B. die PET-Flaschen, S. 87). Bei Instrumenten mit selbstklingenden Materialien (Idiophone) bestimmen Anschlagskraft und -geschick des Spielers sowie die gewählten Schlägel (harte oder weiche Schlägel), Lautstärke und Klangfarbe des Instrumentes (wie z. B. bei allen Formen von Stabspielen). Fellinstrumente (Membranophone) klingen durch eine schwingende Membran auf einem Klangkörper (z. B. alle Trommeln). Gespielt werden sie mit den Händen oder mit Schlägeln. Saiteninstrumente (Chordophone) werden mit den Fingern oder einem Plektrum angeschlagen. Die unterschiedlich langen Saiten oder die Festigkeit ihrer Spannung bestimmen die Tonhöhe (wie z. B. bei einem Monochord). Elektronische Musikinstrumente in Form digitaler oder analoger Klangerzeuger klingen durch an einen Lautsprecher angebrachte elektrische Impulse (z. B. Mikrophon und Aufnahmegerät zur Verfremdung von Umweltgeräuschen, Röhrenradios (vgl. S. 120), die Benutzeroberfläche eines Synthesizers als Software am Beispiel des Programmes „Soundforum Synth", Hersteller: Native Instruments).

Die Fertigung von Selbstbauinstrumenten vermittelt akustische Grunderfahrungen der Zusammenhänge zwischen der Länge von klingenden Materialien, schwingenden Luftsäulen oder Saiten und der Tonhöhe sowie der klanglichen Eigenschaften von harten und weichen angeschlagenen Materialien. Der Bereich der Selbstbauinstrumente bezieht auch die Präparation von Instrumenten mit ein (vgl. Kapitel 1.2.3), wenn gemeinsam eine instrumentale Anpassung an die Spielfähigkeit des Menschen mit Behinderung erreicht wird. Gebrauchsgegenstände werden als Selbstbauinstrumente verstanden, wenn sie durch Anschlagen oder Anblasen bereits einen zufriedenstellenden Klang erzeugen. Die Lösung von Alltagsgegenständen aus dem ursprünglichen Verwendungszusammenhang kann, durch den damit verbundenen Bruch von Normen, die Spiellust steigern.

Aufgaben

1. Welche Alltagsgegenstände eignen sich mit oder ohne geringfügigen Eingriffen – als Musikinstrumente? Ordnen Sie die Instrumente auch den fünf Gruppen von Klangerzeugern zu.
2. Beschreiben Sie akustische Grunderfahrungen am Beispiel verschiedener Instrumente und Selbstbauinstrumente. Welche Beziehungen bestehen zwischen Tonhöhe und Klang und der Länge von schwingenden Materialien, Luftsäulen oder Saiten und verwendeten Klangmaterialien?
3. Eine Zusammenstellung von Instrumentennamen, deren Herkunft und Spielweise aus dem Namen heraus geklärt werden kann: 200 Liter Metallfass, Luftpumpe, Blasflaschen, Röhrenradio, Plastikrohrpanflöte, Trinkhalm, Grasfieper, Quietschballon, Raschelsäckchen, Kronkorkenrassel, Plöpflasche, Glasharfe, Felgen-Ratsche vom Fahrrad, Wabbelblech, Donnerblech, Glas-Glockenspiel, Topf-Spiel, Deckel-Becken, Kanalrohrtrommel, Gummizither, Monochord u. v. m. Besprechen Sie die Funktionsweise und die Fertigung dieser und weiterer Instrumente und ordnen Sie sie in eine der fünf Gruppen von Selbstbauinstrumenten ein.
4. Welche Gründe sprechen für den gemeinsamen Bau eines Instrumentes? Entwickeln Sie zunächst ein Fallbeispiel eines Menschen mit Behinderung und argu-

mentieren Sie anschließend mit den angeführten oder weiteren Aspekten, um den Bau eines bestimmten Instrumentes zu befürworten.

Andreas baut mit dem Heilpädagogen ein / eine ... (Instrument)..., weil ...

... es einsichtig akustische Grundlagen vermittelt.

... es Gelegenheit zur optischen Gestaltung anbietet.

... es gut vom Klient bespielbar ist.

... die Baumaterialien zufällig vorhanden sind.

... es einen ansprechenden Klang erzeugt.

... es sehr stabil ist.

... es im Werkunterricht der Schule gebaut wurde.

... die handwerklichen Anforderungen eine partnerschaftliche Zusammenarbeit ermöglicht u. v. m.

5. Erstellen Sie eine didaktische Sequenz zur Erstellung eines Selbstbauinstrumentes unter der Berücksichtigung der oben benannten Planungsaspekte.

Literatur

Martini, Ulrich: Musikinstrumente – erfinden, bauen, spielen, 6. Auflage, Klett Verlag, Stuttgart 1995. Das Buch beinhaltet eine Sammlung von über 200 verschiedenen Bauvorschlägen sowie Anregungen zur didaktischen und methodischen Arbeit mit Selbstbauinstrumenten.

4.2.3 Klangfolgen

Die Beispiele der folgenden Gestaltungen betten den Einzelklang in eine Abfolge von Klängen und beziehen sich auf außermusikalische Anregungen. Die Klangfolgen werden aus ihrer Verbindungen zu Text, Bild, Farbe und Interaktion heraus entwickelt. Ihr gestaltender Ausdruck spiegelt eine emotionale Wirkung und die Betroffenheit des Einzelnen durch die Anregung von außen wider. Das Klang – Produkt einer Gruppe ist gleichzeitig beeinflusst von den improvisatorischen Anregungen Einzelner, die auf die Mitspieler wirken. Es entsteht ein reger und spontaner, nonverbaler Ausdruck über die Auffassung der Spielenden hinsichtlich des begleitenden Mediums.

Interaktion und Klang: Aus der Deckung

Die Überschrift der Klanggestaltung beschreibt die Situation der Spieler: Aus einem vorhandenen oder selbst gebauten Versteck im Raum musizieren die Teilnehmer, ohne einander sehen zu können. Die Schutzräume werden aus Decken, Tischen und weiteren Gegenständen erstellt. Der Reiz, etwas zu tun, ohne dabei gesehen zu werden, kann überraschende Klangmomente erzeugen, aber auch die Freiheit zur Passivität beinhalten. Die Teilnehmerzahl richtet sich nach der Raumgröße, sie sollte allerdings nicht zu groß sein, um auch einzelne Klangquellen hörend unterscheiden zu können. Um die gemeinsame Handlung anschließend objektiver reflektieren zu können, bietet sich die Bildung einer Beobachtungsgruppe an. Die Übung beginnt mit einem akustischem Signal oder der Beginn wird von der Beobachtungsgruppe festgelegt, sobald die Vorbereitungen abgeschlossen sind und Stille eingetreten ist.

Aufgaben der Improvisationsgruppe
Bauen Sie sich ein Versteck, in dem Sie sich bequem und für andere nicht sichtbar aufhalten können. Begeben Sie sich mit einem oder mit mehreren Instrumenten und Klangerzeugern in das Versteck. Geben Sie mit den Klangerzeugern musikalische Impulse oder reagieren Sie auf vernommene Signale, wenn Sie das wollen. Verlassen Sie das Versteck, wenn keiner mehr spielt.

Aufgaben der Beobachtungsruppe
Messen Sie die Dauer der Improvisation und protokollieren Sie den Verlauf. Zu welchen Zeitpunkten kommt es zu einem intensiven musikalischen Austausch, welche Zeitspannen sind von Zurückhaltung geprägt? Aus welchen Verstecken werden musikalischen Impulse gesetzt? Sind in der Gestaltung musikalische Phasen wie Anfang, Höhepunkt und Ausklang zu hören? Wie gestaltet sich die Schlussphase der Improvisation?

Aufgaben zur Auswertung – Gespräch beider Gruppen
Welche Erfahrungen haben die Spieler sammeln können? Welches Zeitempfinden der Spieler steht der gemessenen Zeit gegenüber? Mit welchen musikalischen Mitteln und mit welchen Klangerzeugern wurden kommunikative Prozesse in Gang gebracht? Welche Personen haben die Spieler hinter bestimmten musikalischen Aktionen vermutet? Gab es überraschende positive wie negative Klangereignisse? Wie wurde reagiert? Wann verspürten Sie Spannung, Langeweile oder Unsicherheit? Wie entstand der Entschluss, das Versteck zu verlassen?   *(vgl. Lenz, Tüpker, Wege zur musiktherapeutischen Improvisation, 1998, S. 64)*

Interaktion und Klang: Radioklangcollage

Die Gestaltung von Klängen und Klangüberlagerungen durch mehrere Radios mit manuellem Sendersuchlauf lehnt sich an die Komposition „Radio Music" des amerikanischen Komponisten John Cage aus dem Jahr 1956 an. Zur Verwendung geeignet sind analoge Radios älterer Bauart mit den vier Frequenzbändern LW, KW, MW und UKW. Die Klangcollage entsteht aus der Überlagerung unterschiedlicher Musik- und Wortbeiträge, dem Rauschen auf verschiedenen Frequenzbändern und weiteren zufällig gefundenen rhythmischen Impulsen und Tonhöhen (als Pfeifen oder Jaulen bezeichnet).

Möglichkeiten der musikalischen Gestaltung

- Jeder probiert sein Instrument aus und findet mit dem Sendersuchlauf Beispiele der genannten Klangeinstellungen. Durch den Sendersuchlauf und den Lautstärkeregler werden die Impulse vom Spieler gestaltetet und reguliert. Die Verdichtung von vielen unterschiedlichen Klängen oder der phasenweise Gleichklang sind Mittel der musikalischen Gestaltung.
- Um das eigene „Instrument" hören und von anderen unterscheiden zu können, sollten die Mitspieler einen gewissen Abstand zueinander haben und ihr Radio hören können, ohne es lauter als die gemeinsame mittlerer Lautstärke drehen zu müssen.
- Ein Dirigent dirigiert den gemeinsamen Lautstärkepegel des „Orchesters". Ein gemeinsames An- oder Abschwellen der Lautstärke klingt z. B. sehr wirkungsvoll.
- Die Collage kann beispielsweise mit einem gemeinsam eingestellten Sender beginnen, von dem sich die Spieler nacheinander oder sehr behutsam gemeinsam entfernen. Eine weitere Möglichkeit besteht darin, unterschiedlich hohe, liegende Töne der KW oder LW zu suchen und zu Beginn klingen zu lassen.
- Der Dirigent schafft Freiraum für einen Solisten. Bei einem leisen bis mittleren Lautstärkeniveau oder während einer Pause treten „Solisten" auf, die einen Sender oder Tonhöhen ihrer Wahl laut drehen. Der Inhalt des Solos kann z. B. ein gefundenes Musikstück oder ein Wortbeitrag sein. Der Solist kann seine Übereinstimmung oder seine ironische Distanz darlegen. Nach dem Solo steigt das Orchester wieder ein.

Klangfarbe und Farbton – Farben durch Klänge nachempfinden

Musikalische und farbliche Reize können sich im Betrachter zu einer gemeinsamen Empfindung zusammen fügen. Wenn ein angesprochener Sinn auch Reize in einem weiteren Sinneskanal auslöst, dann nennt man das Synästhesie. Dazu gehört z. B. das Farbenhören, dass die bei akustischen Reizen auftretenden Farbempfindungen mancher Menschen meint. Die Beispiele dieser auditiven und visuellen Ergänzungen sind alt, wenngleich sie wissenschaftlich kaum überprüfbar sind, sondern sich immer auf Einzeldarstellungen beziehen.

„Kircher (um 1650, d. Verf.) ordnete den Intervallen Farben zu, beispielsweise der Oktave die Farbe Weiß, der kleinen Terz die Farbe Gelb; die Quarte erscheint rosa, der Tritonus blau, der große Ganzton schwarz. (...) die „Farben" der menschlichen Stimme charakterisierte er partiell durch affektive Tönungen: Stark und tief entspricht Schwarz, hoch und weich gebrochen entspricht Weiß, weich und ruhig erscheint als Blassgelb, tief und klar als Feuerrot, hoch angespannt als Scharlachrot, von tief zu hoch ansteigend als Blau."

(de la Motte – Haber, Handbuch der Musikpsychologie, 1985, S. 311)

In der Musikgeschichte wurden zahlreiche Versuche unternommen, bestimmte Klangfarben von Instrumenten und Tonhöhen in Musikwerken durch Farben umzusetzen. Die Entsprechungen zwischen Klang und Farbe unterliegen dabei offenbar weniger einer strengen Logik sondern eher einer losen Empfindung.

Mit Hilfe neuerer, improvisierter Musik besteht die Möglichkeit, den Gestaltungsprozess umzukehren und einen Farbeindruck durch einen Klang auszudrücken. Auch hier sind vielfältige farbgeleitete Vorstellungen (Konnotationen) denkbar.

Aufgaben

1. Wo erleben Sie beeindruckende Verknüpfungen von Musik und Klang mit Farbe und Bild? Beschreiben Sie z. B. Erlebnisse aus dem Kino oder von unterwegs mit einem Walkman. Bei welchem aktuellen Videoclip erscheinen Ihnen die Farbgebungen der Filmsequenzen wirkungsvoll mit der Musik verknüpft zu sein?
2. Kaltes Blau, kräftiges Rot, weicher Klang, ... Setzen Sie die Reihe von Attributen fort. Wo entstehen Annäherungen oder Berührungspunkte zwischen Klängen und Farben? Beziehen Sie sich auf Attribute, die Farbe und Klang gleichermaßen bezeichnen können, z. B. „grell". Tauschen Sie Ihre Empfindungen und Meinungen aus.
3. Gestalten Sie eine Folge von Klängen zu wechselnden Farben. Versuchen Sie dabei weiche, ineinander fließende Übergänge der Farb- und Klangwechsel zu realisieren. Zur Darstellung der Farbfläche sind zahlreiche Montagen und technische Realisierungen denkbar, wie z. B. die farbigen Blenden von Scheinwerfern, mit Filzstift angemalte Dias, durch einen Beamer abgebildete Farbflächen, die Klanggestaltung eines Kirchenfensters, der Ausschnitt einer farbig gestalteten Filmsequenz u. v. m.
4. Diskutieren Sie Ihre unterschiedlichen Wahrnehmungen der Farb-Klang-Zuordnungen. Wo haben sich eingebrachte Vorstellungen der Kombinationen als schlüssig erwiesen, wo erachten Sie die Zuordnungen als weniger harmonisch?
5. In Einrichtungen der Behindertenhilfe gibt es zahlreiche Erlebnisräume zur Erfahrung von Klang und Farbkombinationen. Beschreiben Sie die technischen Realisierungen und Wirkungen auf die Nutzer. Suchen Sie die Räume auf und vergleichen Sie die Wirkung mit den von Ihnen realisierten Farbklang Kombinationen.

Weiterführende Aufgaben

Arbeiten Sie mit dem Fach Werken und Gestalten zusammen und entwickeln Sie eine Farbgestaltung zum Lied „Lucy in the Sky with diamonds" der Beatles.
Übertragen Sie das Konzept der Farbklänge auf die Klanggestaltung eines Bildes oder einer Filmsequenz.

Text und Klang: Klanggeschichten

Eine Erzählung kann Anregungen zur Gestaltung einer Klangfolge geben. Wenn die „natürliche" Geräuschkulisse der vorkommenden Gegenstände und Handlungen in Form von Klängen textbegleitend dargestellt werden, bietet sich dem Zuhörer eine inhaltliche Ergänzung und eine Verstehenshilfe des Textes. Neben dieser klanglichen Abbildung können Spannungsverläufe der Geschichte durch die Gestaltung von Klängen intensiver erlebbar gemacht werden. Die Klanggestaltungen werden dem gesprochenen Text unterlegt, oder der Vorleser macht Pausen, in denen die Klänge eingesetzt werden.

Aufgaben

1. Lesen Sie die folgende Geschichte, und überlegen Sie, wie sie durch Klänge und Szenen umgesetzt werden kann. Gliedern Sie dazu zunächst den Text. Wie werden die Impulse zur Klangerzeugung jeweils vermittelt? Unterscheiden Sie die Vermittlung durch den Text, durch Berührungen, Zeichen und durch Blickkontakt.

2. Lesen Sie die Geschichte laut vor und gestalten Sie die besprochenen Klänge und Rollen. Verdunkeln Sie nach Möglichkeit den Raum und schalten Sie farbiges Licht hinzu.
3. Beschreiben Sie die Wirkung, die die inszenierte Geschichte auf die Zuschauer und Spieler ausübt. Für welche Altersgruppen scheint die Klanggeschichte geeignet zu sein?

„Der Klangwald
Ganz weit weg am Ende der Welt gibt es ein Wunderland. Und in diesem Wunderland gibt es einen geheimnisvollen Wald, einen Zauberwald mit lauter Instrumentenbäumen. Eines Tages kommt ein Junge in diesen Wald. Überall, wo er vorbei kommt, begrüßen ihn die Instrumentenbäume. „Tag!", sagen sie zu ihm in ihrer Instrumentensprache. Der Junge hat seinen Spaß daran. Einmal rascher, einmal langsamer geht er im Wald umher.
Ein anders Mal kommt ein Mädchen in den Zauberwald. Zufällig berührt es einen Instrumentenbaum. Sofort beginnt dieser Musik zu machen. Er spielt immerzu. Nach und nach gibt das Mädchen jedem Baum einen Stups. Bald musiziert der ganze Wald. Das Mädchen berührt die Bäume ein zweites Mal. Ein Baum nach dem anderen verstummt, bis es wieder ganz still im Wald ist. Dieser Zauberwald gehört einem Zauberer. Abends, wenn die Sonne untergeht, macht er mit seinen Instrumentenbäumen Musik. Da lässt er die Instrumentenbäume nach seinen Zauberzeichen spielen. Immer, wenn er die Arme in die Höhe hält, machen alle Musik. Lässt er die Arme nach unten hängen, ist es vollkommen still. Und denkt nur, was um Mitternacht in dem geheimnisvollen Wald geschieht! Da verlassen die Bäume ihre Plätze und wandeln auf ihren Wurzelbeinen umher. Begegnen sie einem Freund, so unterhalten sie sich mit ihm in ihrer Instrumentensprache. Erst um ein Uhr ist der Spuk vorbei, und alles beginnt zu schlafen."
(Patho, Schumann, Musik 1/2, 1993, S. 3)

Text und Klang: Klänge in Phantasiereisen

Der Begriff der Phantasie im Zusammenhang von Phantasiereisen ist eine Form von Ichbezogener und nach innen gerichteter Kreativität, in der der Mensch sich gelöst von Belastungen des täglichen Lebens in einer Vorstellungs- und Stimmungswelt aufhält. Die in Phantasiereisen durchgespielten Situationen wirken sich positiv auf die Bewältigung anschließender Alltagssituationen aus. Die phantasiebestimmten Vorstellungen werden in einem Zustand minderer Wachheit als Tagträume erlebt.

   „Die bekanntesten Produktionen der Phantasie sind die sogenannten „Tagträume" (...), vorgestellte Befriedigungen ehrgeiziger, großsüchtiger, erotischer Wünsche, die um so üppiger gedeihen, je mehr die Wirklichkeit zur Beschneidung oder zur Geduldung mahnt. Das Wesen des Phantasieglücks, die Wiederherstellung der Unabhängigkeit, der Lustgewinn von der Zustimmung der Realität, zeigt sich in ihnen unverkennbar."
(Freud, Allgemeine Neurosenlehre, 1969, S. 362)

Das Erleben von Phantasiereisen geschieht willentlich. Körper und Psyche erleben eine Entspannungsphase und werden frei von Belastungen und Beschwerden. In diesem Zustand erleben sich die Teilnehmer in zur Realität alternativen Handlungs- und Erfahrungsräumen. Negative biographische Entwicklungen können beispielsweise neu vollzogen werden, Kindheitserfahrungen werden durchlebt oder Kommentare zu aktuellen persönlichen Problemen geäußert u. v. m. Das Verlassen dieses Schutzraumes verläuft ruhig und gemächlich, um das Wohlbefinden der Teilnehmer beizubehalten und die Körperfunktionen wieder dem Normalzustand anzupassen. Direkt angeschlossene kreative Mitteilungsformen dienen der Bekräftigung der positiven Grunderfahrung, drücken gewonnene Einsichten aus oder beschreiben intensive emotionale Erlebnisse. Ausdrucksformen können z. B. sprachliche Mitteilungen, „Ich fühle mich, als ob ...", ein niedergeschriebener Text oder eine Klanggestaltung sein.

Aufgaben

1. Erläutern Sie auf Grundlage des Zitates die Verbreitung und Beliebtheit von Phantasiereisen.
2. Wer aus Ihrer Lerngruppe konnte bereits Erfahrungen im Umgang mit Phantasiereisen sammeln? Berichten Sie von ihren Erlebnissen. In welche Richtung wurde Ihre Phantasie gelenkt, welche Stimmungen und Tagträume haben Sie durchlebt?
3. Was sind die Anlässe, Phantasiereisen erleben zu wollen? Wie konnte das erlebte „Phantasieglück" der „Beschneidung Ihrer Wirklichkeit" (vgl. Zitat) begegnen? Oder: Welchen Einfluss hatten die vermittelte positive Grundstimmung und das Wohlbefinden auf Ihr Erleben der Zeit nach der Phantasiereise?
4. Welche Bedeutungen haben Phantasiereisen für Menschen mit Körperbehinderung und ohne Behinderung?

Die Medien, die die Tagträume der Teilnehmer in einer Phantasiereise anregen, sind ein durch den Vortragenden gestalteter Text, eine untergelegte Musik und die Gestaltung des Raumes. Die Bedeutung der Musik ist dem vorgetragenen Text nachgeordnet, sie erfüllt daher in ihrer Anlage folgende Eigenschaften: Es handelt sich um leise Instrumentalmusik im langsamen Grundtempo, sie besteht aus zahlreichen Wiederholungen gleicher melodischer Abschnitte, es kommen nur ein oder wenige Instrumente vor und sie kann Abschnitte mit realen akustischer Abildungen, z. B. Meeresrauschen oder Vogelgezwitscher enthalten.

Aufgabe

Begründen Sie die geschilderten Eigenschaften der Musik. Welche Bedeutung haben die einzelnen musikalischen Aspekte im Zusammenhang der Phantasiereise? Stellen Sie sich Musikbeispiele vor, die die Kriterien erfüllen.

Die Themen von Phantasiereisen beinhalten Symbole, an denen sich langsame, häufig positive Entwicklungen vollziehen. Das Symbol ist ein für die Teilnehmer bewusst oder unbewusst nachvollziehbares Sinnbild, das Wunschvorstellungen oder den alternativen Lebensentwurf vertreten kann. Das Symbol „Licht" kann z. B. als Bestandteil der Schöpfungsgeschichte verstanden werden und entwickelt sich vom Dunkel zum Licht, das Wasser steht für Lebensgrundlage ermöglicht die Entwicklung von Leben. Weitere Beispiele von Symbolen in Phantasiereisen sind die Wolke, der Garten, das Treibholz, die Insel u. v. m.

Aufgaben

1. Erläutern Sie die genannten Symbole. Wie können Sie von den Teilnehmern einer Phantasiereise gedeutet werden und welche Möglichkeiten einer positiven (oder negativen) Entwicklung bieten Sie jeweils an? Versuchen Sie einen Text zu verfassen, der eine Phantasiereise mit dem Symbol und dessen Entwicklung geleitet. Tragen Sie sich die Texte gegenseitig vor.

2. Suchen Sie in Textsammlungen zu Phantasiereisen weitere Symbole und Entwicklungen. Nutzen Sie dazu die unten angeführte Literatur oder andere Ihnen bekannte Quellen. Vergleichen Sie die Texte mit Ihren Ergebnissen.

3. Was leistet die Aufarbeitung einer Phantasiereise durch eine Verklanglichung im Gegensatz zu einer Aufarbeitung durch Worte? Vergleichen Sie zwei kreative Ausdrucksformen.

Literatur

Korte, R.: Neue Symbolgeschichten für junge Leute, Mit Entspannungsübungen und Geschichten zum Meditieren, München 1994.
Maschwitz, G.: Phantasiereisen zum Sinn des Lebens, München 1998.
Müller, E.: Träumen auf der Mondschaukel, München 1993.

4.3   Erfahrungen und Reflexionen

Handlungsmöglichkeiten zur Musik – Erfahrungen mit der harmonischen Liedbegleitung

Eine Liedbegleitung kann hinsichtlich der individuellen instrumentalen Fähigkeiten nahezu jedem Spielniveau angepasst werden. Einfachste Formen bestehen in der rhythmischen Liedbegleitung. Eine harmonische Begleitung kann bereits mit einem Ton, z B. dem Grundton der jeweiligen Begleitharmonie dargestellt werden. Bei Liedern, in denen mehr als drei Harmonien verwendet werden, kann die Anzahl der Akkorde reduziert werden.

Fehler bei der harmonischen Liedbegleitung zu machen, bedeutet eine Chance, seine musikalischen Fähigkeiten weiter entwickeln zu können. Der Ausdruck der Disharmonie zwischen Melodie und Begleitakkord teilt mit, dass der Wechsel an der falschen Stelle erfolgte und bietet durch die Wiederholung der Stelle eine Korrekturmöglichkeit. Die im Kapitel vorgestellte Methode der Liedbegleitung im Klassenverband lässt die Gruppe den Fehler miterleben, eine Tatsache, die nicht jedem angenehm sein wird. An dieser Stelle ist das Angebot von Übemöglichkeiten in kleineren Gruppen oder allein sinnvoll. Die harmonische Liedbegleitung nach dem Gehör ist erlernbar, wenn die Tonhöhen der Liedmelodie sauber getroffen werden. Um ein fehlerhaftes Spiel bemerken zu können, muss man den Melodieverlauf richtig gesungen haben. Bei Bedarf ist zunächst die Liedmelodie mit einem Instrument zu üben, das die Tonhöhen der Stimme mitspielt und stützt.

Entwicklungswege durch Klangerfahrung und Gestaltungen mit Klängen

Aufgaben

1. Unterscheiden Sie beim Rückblick auf das Kapitel 4.2 die rezeptive und die produktive Beschäftigung mit Klängen. Inwiefern bedingt die Klanggestaltung (produktiv) eine vorherige bewusste Aufnahme (rezeptiv) von Klängen?

2. Welche Möglichkeiten zur auditiven Vermittlung haben Sie anhand der Klanggestaltungen erleben können? Beschreiben Sie das Ausdruckspotential eines uns eigentlich selbstverständlichen Mediums.

Die Erzeugung eines Klanges scheint, sofern keine technischen Hürden bestehen, einfach zu sein: Ein Impuls auf eine Klangquelle kann ein beeindruckendes Ergebnis liefern. Diese Form des Ausprobieren einer Klangquelle bietet zunächst nur einen kurzweiligen Unterhaltungswert. Auch die Erstbegegnung mit einem Instrument zieht häufig die Gestaltung eine Klanges mit sich, indem das Instrument angeschlagen wird und sich damit die instrumentalen Fähigkeiten des künftigen Spielers erschöpfen. Erst der Erwerb einer Spielfähigkeit macht aus dem Anschlag, der zunächst nur einen Klang erzeugt hat, eine musikalische Gestalt aus Melodie und Rhythmus. Auch die Beschäftigung mit Klängen ermöglicht, wie das Erlernen anderer musikalischer Verhaltensweisen, Entwicklungswege. Sie drücken sich weniger in instrumentaler Virtuosität als in der Entwicklung von musikalischem Ausdrucksvermögen und musikalischem Empfinden aus.

Nach innen gerichtete Lernzuwächse bestehen in der Sensibilisierung gegenüber dem akustischen Umfeld und in der Förderung der Wahrnehmungsfähigkeit. Die Erzeugung von Einzelklängen geht einher mit der Erfahrung, dass hier Stille notwendig ist, denn nur in diesem Kontext kann der Klang gehört werden. Bei der nach außen gerichteten Gestaltung von Klangfolgen sind die Handlungen durch ein Erfahrungsfeld bestimmt, das sich durch Empathie, der Fähigkeit mitzufühlen, ausdrückt. Auch diese Fähigkeit entwickelt sich. Den Ausdruck eines Textes zu spüren, den Spielimpuls des Mitspielers angemessen zu beantworten, eine Farbwirkung zu deuten sind Beispiele, bei denen sich das Aufspüren von Stimmungen durch die Klangformungen ausgedrückt. Den Zeichencharakter von Klängen zu erfahren bedeutet, ihre Fähigkeit zur Abbildung von Gegenständen und Stimmungen zu erleben. Klänge gewinnen eine Symbolkraft, wenn ihr Ausdruck mit zunehmender Erfahrung selbstmächtig in Spieler oder Zuhörer Emotionen und Stimmungen auslöst, ohne diese durch einen Text oder einen äußeren Anlass nahegelegt zu haben.

Literaturverzeichnis

Flender, Reinhard: Vom Dreifachen Ursprung der Musik. Einige Gedanken zur musikalischen Anthropologie, in: Menschenfreundliche Musik, hrsg. von Peter Bubmann, 1. Auflage, Gütersloh, Chr. Kaiser/Gütersloher Verlagshaus, 1993, S. 10, 11.

Freud, Siegmund: Vorlesungen zur Einführung in die Psychoanalyse. III. Teil: Allgemeine Neurosenlehre (1917), 7. Auflage, Frankfurt/M., S. Fischer Verlag, 1969, Seite 362.

Gembris, Heiner: Wirkungen von Musik – Musikpsychologische Forschunsergebnisse, in: Mensch & Musik: Diskussionsbeiträge im Schnittpunkt von Musik, Medizin, Physiologie und Psychologie, hrsg. von Gabriele Hofmann, 1. Auflage, Augsburg, Wißner-Verlag, 2002, S. 13.

Grootaers, Frank G.: Bilder behandeln Bilder. Musiktherapie als angewandte Morphologie. 1. Auflage, hrsg. von Rosemarie Tüpker, Münster, Lit Verlag, 2001, S. 122.

Hegi, Fritz: Improvisation und Musiktherapie, 4. Auflage, Paderborn, Junfermann Verlag, 1993, Seiten 32, 41, 81, 113.

Hegi, Fritz: Komponenten, in: Lexikon Musiktherapie, hrsg. von Hans-Helmut Decker-Voigt, 1. Auflage, Göttingen, Hogrefe-Verlag, 1996, S. 176, 177, 179.

Höfele, Hartmut: Wir wollen Musik erfinden, 1. Auflage, Reinbek bei Hamburg, Rowohlt Taschenbuch Verlag, 1991, Seiten 74, 75.

Mitgutsch, Ali: Rundherum in meiner Stadt. 12. Auflage, Ravensburg, Otto Maier Verlag, 1973, S. 1.

Meyers Lexikonredaktion, Hrsg: Schüler-Duden, Die Psycholgie, Mannheim, Dudenverlag, 1996, S. 413.

Lenz, Martin und Tüpker, Rosemarie: Wege zur musiktherapeutischen Improvisation, 1. Auflage, Münster, Lit Verlag, 1998, S. 64.

Motte-Haber, Helga de la: Handbuch der Musikpsychologie, 1. Auflage, Laaber, Laaber-Verlag, 1985, S. 131.

Müller, Else: Auf der Silberstraße des Mondes, Fischer Verlag, S. 102–121. Tausend: März 1995. Frankfurt am Main. Fischer Taschenbuch Verlag, 1985, S. 47, 48

Niedecken, Dietmut: Rekonstruktion von Zeit und Raum, in: Musiktherapeutische Umschau, 3, 15, 1994, S. 176 ff.

Patho, Klaus und Schuhmann, Reinhard: Musik 1/2. Musik- und Bewegungserziehung. 1. Auflage, Regensburg, Wolf Verlag, 1993, S. 3.

Petersen, Dietrich: Tonarten, Spielarten, Eigenarten: kreative Elemente in der Musiktherapie mit Kindern und Jugendlichen, 1. Auflage, Göttingen, Vandenhoeck & Ruprecht, 2001, S. 57, 58.

Rittner, Sabine: Stimme, in: Lexikon Musiktherapie, hrsg. von Hans-Helmut Decker-Voigt, 1. Auflage, Göttingen, Hogrefe-Verlag, 1996, S. 361, 365.

Rittner, Sabine und Hess, Peter: Klangtrance, in: Lexikon Musiktherapie, hrsg. von Hans-Helmut Decker-Voigt, 1. Auflage, Göttingen, Hogrefe-Verlag, 1996, S. 171.

Schütz, Volker: Musik in Schwarzafrika. 1. Auflage, Oldershausen, Institut für Didaktik populärer Musik, 1992, S. 84.

Wagner, Horst: Zur kommunikativen Wirkung von Singstimmen, in: Jahrbuch Musikpsychologie, hrsg. von Klaus-Ernst Behne, 8. Jahrgang, 1991, S. 97.

Wörster, Wolfgang: Klangangebote in der Frühförderung für Kinder mit komplexen Entwicklungshandicaps, in: Musiktherapeutische Umschau 4, 19, 1998, S. 264.

Bildquellenverzeichnis

artwork geweche, Berlin, S. 5, 12, 119
Neuss, Evelyn, Hannover, S. 7, 18, 21, 48, 94, 97
Rittmann, Werner, Paderborn, S. 22, 24, 26, 27, 28, 29, 34, 43, 59, 74, 87, 99, 109, 116, 118
Firma Roland Meinl Musikinstrumente, Neustadt/Aisch, S. 31
Hohner Musikinstrumente, Trossingen, S. 32
Roland Elektronische Musikinstrumente, Norderstedt, S. 33
Ravensburger Buchverlag, S. 69
Allton, Bad Zwesten, S. 115

Stichwortverzeichnis

A
Alt 28
Auditiv 124
Avantgardemusik 102

B
Bass 28
Beat 48
Bluestonleiter 88
Bodypercussion 17

C
Chromatisch 28, 81
Cluster 26
Diatonisch 28, 32, 79, 87, 92

D
Dissonant 106, 107, 108
Drum-Computer 10
Dynamik 93

E
E-Gitarre 24
Einzelklangstab 87
Elementare Instrumente 14

F
Farben hören 120
Farbige Notation 82

G
Ganztonleiter 88
Gebundene Musik 15
Gleichschlag 44
Glissando 29
Glockenspiel 16
Gong 116
Grafische Notation 17

H
Halbtonschritt 80
Harmonie 107
Harmoniefolge 60
Hilfslinien 80

I
Improvisation 7, 15, 83
Intervall 79, 120

K
Kadenz 57
Kapodaster 25
Klangschalen 116
Konsonant 106, 108
Konzertgitarre 24

L
Lautstärke 15
Legato 88

M
Metrum 44
Monochord 116
Musikbezogenes Handeln 10, 12
Musizieren 10

N
Notenlinien 80
Notenschrift 17

O
Oberton 106
Offbeat 48
Oktave 79
Ostinat 78, 88, 92

P
Parameter 15
Pentatonik 26, 91
Percussionsinstrumentarium 49, 50
Phantasiereisen 122
Plektrum 25
Präparation 22
Präparierung 83
Produktion 7
Produktiv 4, 124

Q
Quarte 79
Quinte 79

R
Rahmentrommel 9
Resonanz 107
Retardiert 8

Rezeptiv, Rezeption 7, 72, 124
Rollstuhltanz 62
Rhythmus 60

S
Schlaflied 85
Sekunde 79
Septime 79
Sexte 79
Singsilbe 78
Sitztanz 62
Sopran 28
Staccato 88
Stammton 80
Steel-Drum 9
Stimmgerät 25
Stimmung 107
Symbolische Notation 82
Synästhesie 120

T
Tam-Tam 116
Tenor 28
Terz 79
Timing 71
Tonfolge 15
Tonschritt 81, 83
Tonsprung 81, 83
Tonwiederholung 81, 83
Traditionelle Notation 82
Trance 115

V
Versetzungszeichen 80
Vokalimprovisation 105

W
Westerngitarre 24
Wiederholung 15, 78
Wiegenlied 85

X
Xylophon 16

Z
Zwischenräume 80